L'ARCHIDUC

RODOLPHE

LE KRONPRINZ — L'ÉCRIVAIN

PAR

A. DE BERTHA

AVEC GRAVURES, DONT UNE EAU FORTE
DE H. MANESSE

PARIS

LOUIS WESTHAUSSER, ÉDITEUR

10, RUE DE L'ABBAYE, 10

1889

L'ARCHIDUC RODOLPHE

LE KRONPRINZ — L'ÉCRIVAIN

Il a été tiré à part :

10 exemplaires sur véritable papier du Japon.

No 1 à 10, au prix de . . . . 20 fr.

10 exemplaires sur véritable papier de Hollande.

No 1 à 10, au prix de . . . . 8 fr.

Rudolf

L'ARCHIDUC
RODOLPHE

LE KRONPRINZ — L'ÉCRIVAIN

PAR

A. DE BERTHA

AVEC GRAVURES, DONT UNE EAU FORTE
DE H. MANESSE

PARIS
LOUIS WESTHAUSSER, ÉDITEUR
10, RUE DE L'ABBAYE, 10

1889

Tous droits réservés

AVANT-PROPOS

Il n'y a pas encore douze mois, que nous avons mis en tête du dernier chapitre de notre François-Joseph Ier et son règne, *publié à l'occasion du 40ᵐᵉ anniversaire de son avénement au trône, ce titre enviable pour tous les mortels: « Années de bonheur »*

Elles comprenaient l'époque de 1867 à 1888, depuis le couronnement de l'Empereur comme roi apostolique de Hongrie jusqu'à nos jours; et, vu la prospérité de la famille impériale et royale, de la monarchie florissante, de ses peuples heureux, selon nos prévisions, elles devaient se prolonger pendant de nombreux lustres; aussi longtemps que Dieu permettra à François-Joseph de faire le bien, d'exercer la justice, de veiller sur les intérêts et sur la grandeur de l'Autriche-Hongrie, avec sa fidélité inébranlable à la constitution.

Ce vœu fervent, quarante millions de ses sujets
le formulèrent avec nous !

Mais déjà le livre du destin s'ouvrait sur une
page funeste. Il y était écrit, que le père perdrait
ce qu'il avait de plus cher, le souverain de plus
précieux ; que dans un éclair d'égarement, l'espoir, l'orgueil, l'idole d'un puissant empire dis-
paraîtrait comme un doux songe sous le coup
d'un réveil sinistre, comme le héros d'une légende sombre dans l'étreinte de quelque monstre hi-
deux.

Et la Providence dont les desseins sont impénétrables, laissa impitoyablement s'exécuter cet
arrêt fatal !

Le 30 du mois de janvier passé, l'univers
apprit avec stupeur que l'héritier du trône en
Autriche-Hongrie, une des gloires de la littérature contemporaine, jeune homme plein de santé
et de vigueur : l'archiduc Rodolphe n'était plus !

On croyait à peine à l'exactitude de la nouvelle,
mais on accepta sans tarder les explications les
plus fantaisistes sur la catastrophe elle-même.

En admettant un instant, que, par un étrange
hasard, elles ne soient pas erronées, leur portée se

limite aux seuls faits matériels. Or, c'est au con-
traire au dessus de ceux-ci, résultants et non dé-
terminants, qu'il faut chercher les causes vérita-
bles d'une fin aussi terrifiante. A travers le domai-
ne des spéculations psychologiques, on doit remon-
ter aux lois primordiales, qui régissent ce bas
monde, et conformément aux tendances égalitaires
desquelles il est interdit à quiconque de tout avoir.
Être Kronprinz, écrivain hors de pair, indivi-
dualité séduisante: c'est user de la vie de trois
côtés à la fois; c'est se consumer triplement:
au feu de la puissance, du génie et des affec-
tions !

Trève donc à la chasse aux scandales! Ils
obscurcissent le magnifique spectacle d'une
existence princière bien remplie, de l'activité
prodigieuse d'une nature supérieure. Il faut que
l'on sache enfin combien les larmes versées au
cercueil de l'archiduc Rodolphe par l'Autriche-
Hongrie, étaient méritées et sincères ; combien
le deuil des lettres à la suite de sa mort est mo-
tivé, sa perte pour ses augustes parents irré-
parable !

S'ils l'ont supportée avec le courage, que le sen-

timent du devoir peut seul donner : du devoir de s'oublier pour le bonheur de leurs sujets; en échange ceux-ci leur offriront la consolation suprême de garder le souvenir du Kronprinz religieusement au fond du cœur, de l'entourer d'un éternel respect, de l'aimer d'un impérissable amour !

Inspirées par l'un et l'autre, faibles échos de l'attendrissement sympathique de la France: puissent les pages suivantes y contribuer aussi dans la plus infime mesure de leur insuffisance !

Mai 1889.

LE KRONPRINZ

I

Comme est né le Roi de Rome à l'apogée de la grandeur de Napoléon : ainsi a vu le jour le 21 août 1858 à Laxenbourg l'archiduc Rodolphe, au moment où le pouvoir personnel de François-Joseph I, son père, avait atteint sa pleine éclosion, après dix années de règne.

D'apparence formidable, l'empire d'Autriche commandait alors à la fois en Allemagne, par la Confédération germanique, et en Italie, par les liens du sang, qui attachaient presque toutes ses familles régnantes aux Habsbourgs. A l'intérieur l'absolutisme centralisateur eut quelques raisons pour se targuer

1

de sa gestion : un code criminel nouveau, des réformes judiciaires, la réorganisation des rouages administratifs, la confection des lois favorisant le commerce et l'industrie, un semblant de tranquillité lui avaient acquis considération et prestige, que les travaux, entrepris sur l'ordre de l'Empereur en vue de l'embellissement de Vienne, devaient encore notablement augmenter et rehausser.

Et cette prospérité apparente semblait recevoir sa consécration providentielle par la naissance de l'héritier du trône, à laquelle toutes les populations de la monarchie applaudissaient avec une joie sans mélange.

L'anagramme, que l'on a composée en hongrois du nom de *Rudolf* donnait aux Magyares malcontents eux-mêmes un renouveau d'espérance ; car *fordul* veut dire dans leur langue : *cela change,* et en fait de politique, c'était précisément au changement du système, qu'ils aspiraient.

Quant à l'Empereur, son bonheur ne connut pas de bornes. Ayant perdu l'aînée de ses deux filles — l'archiduchesse Sophie, — l'année précédente, ses vœux de père et de monarque se trouvèrent comblés par cet heureux événement. Aussi sa réponse aux félici-

tations du bourgmestre de la capitale impériale dé-
borde-t-elle de contentement communicatif :

« Dieu m'a donné un fils; d'ici à quelques années
il verra un Vienne nouveau, agrandi, élégant. Mais
si la ville ne doit plus être la même, le Kronprinz
aura pour lui pourtant les vieux cœurs fidèles des anciens Viennois, qui sauront toujours témoigner, à
Lui aussi, leur dévouement éprouvé. »

Pour l'armée il fit publier le même jour — le 22
août — l'ordre du jour, que voici :

« Je désire, que mon fils, accordé par la grâce di-
vine, appartienne dès son entrée dans ce monde à
ma vaillante armée. Je Le nomme donc colonel-pro-
priétaire du 19ᵉ régiment d'infanterie, qui portera
dorénavant le nom du Kronprinz. »

Parmi les œuvres de bienfaisance et les institutions philanthropiques diverses fondées à cette
occasion, *l'Hôpital-Rodolphe*, construit à Vienne
des deniers de l'Empereur, mérite une mention
spéciale. La naissance d'un héritier permit également au souverain de donner libre cours à ses
sentiments généreux envers les condamnés politiques par une amnistie générale.

Quoique entouré de tous les soins, que l'amour

maternel peut inventer, et dont l'Impératrice Elisabeth ne négligea aucun, le Kronprinz eut de suite son *aja*, — mot italien, par lequel on désigne au *Hofbourg* de Vienne la gouvernante principale. C'est à la baronne Charlotte Welden, veuve d'un général habile et heureux dans les campagnes d'Italie et de Hongrie en 1848-49, — que l'on confia cette charge. Elle s'en acquitta si consciencieusement, et sut si bien gagner l'affection de l'archiduc, que plus tard, même marié, il rechercha souvent sa société, et lui fit volontiers visite avec sa femme.

Pendant la période de sa plus tendre enfance, pour passer la belle saison, on le conduisit alternativement dans les résidences d'été impériales : Schoenbrunn, Laxenbourg, Reichenau, où, au milieu de la nature riante et sous l'influence de l'air salubre, son développement physique et moral s'accomplit avec une précocité extraordinaire ; l'élasticité, la souplesse de son corps, la vivacité de son esprit l'attestèrent à chaque instant. Elle enorgueillit alors avec raison ses parents augustes, et fit du Kronprinz l'idole de son entourage : aujourd'hui on doit la regretter amèrement ; car le dicton : la lame use le fourreau — reste partout et toujours une vérité évidente, et peut grandement servir d'explication aux malheurs les plus incompréhensibles.

Du reste, l'aspect du petit archiduc exprimait cette précocité d'une façon saisissante. Dans une photographie, devenue très-populaire, on le voit habillé en colonel de son régiment, et, à cause de son sérieux, on le croirait plutôt un homme minuscule qu'un enfant jouant au soldat.

Son éducation intellectuelle commença dès le premier mai 1862, avant ses quatre ans révolus, avec l'enseignement des éléments de la lecture, de l'écriture et des principes religieux, sous la direction de l'abbé Mayer, chapelain de la cour, et en 1865 il eut déjà un précepteur en titre, le comte Léopold de Gondrecourt.

La fatalité a voulu que ce choix ne soit pas heureux. Homme de guerre dans le sens le plus étroit du mot, cet endurci fils de Mars — d'ailleurs à tous égards respectable, — traita son élève nerveux et délicat avec la rigidité militaire la plus excessive, le faisant lever à des heures indues, au détriment du repos, dont l'organisme en formation a tant besoin.

Il ne fallut pas longtemps à l'Empereur pour s'apercevoir de cette grave erreur, commise avec la plus entière bonne foi. Aussi ne tarda-t-il pas à s'assurer du concours d'un personnage mieux approprié aux devoirs complexes, qui incombent au mentor d'un héritier de la couronne: de celui du lieutenant-colonel Joseph Latour de Thurmburg, actuellement général de division, membre de la chambre des seigneurs en Autriche.

Ce changement du titulaire amena des résultats on ne peut plus avantageux. Il s'établit entre le Kronprinz et son nouveau précepteur un courant sympathique, sous l'influence duquel les difficultés habituelles de l'éducation et de l'enseignement disparurent comme par enchantement. M. Latour de Thurmburg comprit qu'il avait à diriger non-seulement le souverain futur d'un grand empire, mais aussi un esprit merveilleusement doué, vif, ouvert, pénétrant. Il comprit également qu'il devait tenir compte de la transformation radicale, que la monarchie avait subie depuis la naissance de son élève par suite de la perte de ses provinces italiennes (1859) et de son exclusion de la confédération germanique (1866) et surtout par suite du compromis avec les Hongrois (1867) engendrant le système dualiste, provoquant l'établissement définitif du régime parlementaire dans les deux moitiés de l'Autriche-Hongrie régénérée. Et pour s'imprégner du souffle libéral, qui se dégageait de ce nouvel état de choses, le fils de François-Joseph Ier apporta toutes les prédispositions désirables, et étonna ses professeurs par ses progrès rapides et par son intuition bien au-dessus de son âge. (*)

(*) Les deux anecdotes suivantes donneront la mesure de son caractère enfantin, mais cependant réfléchi, de sa docilité et de sa gentillesse d'alors.

D'après le cérémonial du couronnement du roi de Hongrie, le roi et la reine doivent dîner en public avec le prince-primat et le palatin — actuellement remplacé par le ministre-président, — le jour du sacre. Ils sont servis par les grands dignitaires de la couronne en personne, que les gardes du corps escortent dans leurs fonctions. Ce mélange de l'appareil militaire et culinaire, symbolisent la déférence du pays et l'hospitalité de la nation à l'égard de son nouveau souverain, ne laisse pas que de montrer certains côtés originaux touchants, mais un peu comiques. Quelques-uns en furent remarqués par le Kronprinz, assis sur une estrade au milieu de toute la famille impériale et royale et le corps diplomatique ; il les souligna avec des éclats de rire. Eh bien ! un signe de doigt de l'Impératrice-Reine suffit pour le rendre plus sérieux pendant le reste du repas.

Un autre jour, à Schoenbrunn, il parvient à déjouer la surveillance de son entourage, et il s'approche incognito d'un groupe d'ouvriers, travaillant dans une galerie du château. Voyant l'attention, avec laquelle il suit leurs faits et gestes, l'un d'eux entre avec lui en conversation, et lui demande son nom.

« Papa et maman m'appellent Rodolphe, et les autres Monseigneur » repond-il alors avec malice, et il s'esquive.

On esquissa le plan de ses études sur celui des
jeunes gens de bonnes familles, en l'adaptant à la
position et aux facultés exceptionnelles de l'archiduc. Ecole primaire, — ou comme on dit en Autriche-Hongrie : école normale, — lycée, appelé là-bas
gymnase, — et cours universitaires de droit et d'é-
conomie politique, il les parcourut tous régulièrement la première en trois ans (1864-67), le second
en sept (1867-74), et les derniers en trois de
(1877) jusqu'à sa majorité, proclamée le 24 juin
1877.

Dans la liste de ses professeurs, conviés pour
l'instruire dans les différentes branches des lettres
et des sciences, on rencontre naturellement toutes
les célébrités de l'Autriche-Hongrie savante. A côté
de MM. le docteur Becker, conseiller d'instruction
publique, le docteur Egger de Môllwald, directeur
du gymnase académique de Vienne, les professeurs
Geistorfer et Duchenne ses initiateurs de la première
heure, sont venus se ranger successivement: pour
les sciences naturelles le docteur de Hochstetter,
pour la géographie Dionys Gruen, pour l'histoire
universelle le docteur de Zeissberg, pour l'histoire
hongroise et tchèque l'évêque Hyacinthe Ronay et

le docteur Gindely, pour l'histoire des beaux-arts, le docteur Ambros, pour la littérature hongroise l'abbé de Rimely.

Afin de pouvoir se convaincre des progrès du Kronprinz, l'Empereur-Roi lui faisait passer annuellement des examens, qui duraient pendant deux jours, et qui étaient en quelque sorte publics, car on ne manquait jamais d'y inviter des érudits, capables de poser des questions épineuses et de bien juger les réponses. Le premier de ces examens eut lieu en 1872 au château de Bude, et l'archiduc Rodolphe y surprit grandement son auditoire en improvisant deux discours hongrois, sur la proposition de l'évêque Ronay. L'un s'adressait aux Magyares au nom de Michel Szilàgyi, oncle de Mathias Corvin, à la veille de l'élection de ce dernier comme roi de Hongrie (1458), peignant avec des couleurs brillantes les mérites inoubliables de Jean Hunyade, son père; l'autre au nom de Charles de Lorraine était une exhortation à l'armée chrétienne assiégeant Bude, avant l'assaut décisif (1686) harangue, dans laquelle le Kronprinz adolescent put donner libre cours à ses sentiments patriotiques, exalter la gloire, le courage militaires, prouver par ses apostrophes adressées aux

différents chefs, ses connaissances historiques approfondies.

Chose curieuse: ce même évêque Ronay, impli-
qué dans la révolution hongroise, dut émigrer en
1849, et François-Joseph cependant, n'ayant en vue
que son talent et sa droiture, lui abandonna sans
hésitation une part considérable dans l'éducation du
Kronprinz.

« Nous voulons que Notre fils sache toute la vérité sur les affaires hongroises; exposez-les lui selon
vos convictions » tel était l'ordre de l'Empereur-Roi
transmis par M. Latour de Thurmburg au prélat à
peine rétabli dans ses dignités.

Correspondant à la forme dualiste de la monarchie, les études de droit de l'archiduc Rodolphe em-
brassaient, d'après les indications du docteur Exner,
à la fois les codes autrichiens et hongrois expliqués
par le docteur Neumann et M. Bartos. En sa qualité
de successeur futur de St-Etienne, il s'intéressa
beaucoup au droit canonique — enseigné par le
docteur Zhismann — tandis que, comprenant la
portée de l'influence, que l'économie politique exerce
d'une façon indirecte sur la marche des évènements,
il se sentit irrésistiblement attiré vers cette science

récente. Ses quatorze leçons hebdomadaires ne lui suffisaient pas; il y ajoutait ses heures de récréations, pendant lesquelles il composa plusieurs mémoires se rapportant à la question économique, notamment un sur la conservation des forêts, un autre sur la viticulture, un troisième sur l'état et la réforme de l'agriculture, etc. Ecrits avec une sagacité, que les dix-sept ans de leur auteur n'auraient pas fait supposer, ils révélaient à chaque ligne ce talent littéraire, dont la valeur fit plus tard du Kronprinz un des meilleurs prosateurs de la monarchie.

Mais ce n'est pas seulement le cachet de son style vigoureux et imagé, qu'il a pu faire valoir au milieu des dédales de la statistique; la sensibilité de son cœur s'y est frayée également un chemin chaque fois, qu'il s'agissait de la misère des classes pauvres, des mesures à prendre pour en atténuer l'acuité. Il a trouvé moyen de prouver son amour filial lui-même sur ce terrain si dénué de sentiment, le jour, ou étudiant les différentes monnaies d'or en cours, — françaises, allemandes, anglaises et austro-hongroises, — et comparant leurs qualités au point de vue de la gravure et de la frappe, il s'écria avec un naïf orgueil : « C'est tout de même mon papa, qui est le plus joli. »

Ce furent le président de la Cour de cassation autrichienne, le chevalier de Schmerling, et le directeur de la Banque austro-hongroise, le conseiller intime Pipitz, qui assistèrent à l'examen, par lequel — sur le désir de l'Empereur-Roi — on fit clore l'instruction d'économie politique du Kronprinz. Elle se compléta, — comme s'étaient complétées en mai 1876 ses études de droit dans une séance de la Cour d'assises à Vienne, — en parcourant la Silésie autrichienne, où, sur les domaines de l'archiduc Albrecht, il put admirer l'heureuse application de toutes les théories de l'agriculture et de l'industrie moderne, ainsi que leur étroite union dans les sucreries et les distilleries chez le comte Larisch à Karvin. Il y descendit dans les mines de charbon ; il y visita des aciéries, ne passant jamais près d'une machine sans se faire expliquer son fonctionnement, sa destination ; près d'un endroit sans s'informer de son nom, de son importance ; près d'un ouvrier ou cultivateur sans le saluer d'un regard amical, encourageant !

Avec ses leçons de musique, de dessin, de danse

(enseignée par Raab, l'ancien professeur de l'Empereur-Roi), d'escrime, d'équitation (enseignée par
les grands écuyers de la cour : le comte de Gruenne
et le prince Thurn-Taxis), de gymnastique, d'escrime et de natation, qui lui profitèrent dans une
mesure plus qu'ordinaire, on aurait pu regarder son
éducation comme terminée. Mais tout cela n'en
constituait en quelque sorte que la partie civile :
pour l'héritier du trône en Autriche-Hongrie il fallait y ajouter encore des devoirs spéciaux.

Etant à la tête d'une monarchie polyglotte, le
souverain austro-hongrois n'a pas de langue mater-
nelle à proprement parler. Il faut qu'en dehors de
l'allemand et le hongrois, les deux langues officielles,
il sache les idiomes des principales nationalités, tel
que le tchèque, le croate et l'italien, absolument différents d'origine et de caractère. A cause des difficultés de sa prononciation, le Kronprinz, — guidé
par le lieutenant Spindler, — commença par le tchèque. Pour le hongrois la nécessité d'un professeur
ne devait pas être urgente, car, — d'après une lettre
de l'Impératrice-Reine à l'évêque Ronay, — elle
l'employait constamment dans la conversation avec
son fils, ainsi que dans les prières récitées en com-

mun avec ses enfants, les archiduchesses Gisèle et
Marie-Valérie.

Après les efforts que la connaissance de ces langues demandait au Kronprinz, apprendre le français et l'anglais devenait pour lui un simple jeu ;
aussi les parlait-il avec grande facilité et beaucoup
d'élégance.

Greffées sur un programme d'études complètes,
celles de l'art de la guerre l'occupait également
depuis sa quatorzième année. Théorie d'infanterie,
de cavalerie et d'artillerie, tactique, travaux concernant le génie lui furent tour à tour expliqués et
démontrés dans la pratique par les lieutenants colo-
nels Roessler et Wagner, le chef d'escadron baron
Gemmingen, les capitaines Eschenbacher et Ker-
chnawe, le lieutenant Gruenewald. Et on put constater chez lui dans cette direction autant et d'aussi
rapides progrès que dans les autres sciences. A la
grande revue passée par l'Empereur-Roi le 9 mai
1875, il commandait déjà deux batteries d'artillerie,
qui manœuvraient à la satisfaction de tout l'état-
major. Finalement, sous la conduite de son professeur de stratégie, le colonel Reinlaender, il fit une
excursion sur les champs de batailles de la Bohème

pour y mieux comprendre les véritables raisons des défaites et des victoires, des dispositions prises, des ordres donnés, et de la possibilité matérielle de leur exécution.

La sollicitude, que l'on témoigne en Autriche-Hongrie à l'égard de la marine depuis son triomphe à Lissa, n'a pas manqué d'avoir son contre-coup non plus dans l'éducation de l'archiduc Rodolphe. Pour le rendre apte au commandement effectif des forces navales de la monarchie, le capitaine de corvette de Joly le familiarisa avec la vie maritime, lui expliquant en détail la construction des bâtiments de guerre, l'initiant au service des équipages, lui indiquant l'application des principes tactiques et stratégiques sur la mer.

Telle est succinctement la somme de savoir, que l'esprit du Kronprinz a dû absorber pendant son enfance et adolescence. Si de prime abord elle paraît déjà énorme, en réfléchissant à l'ardeur, avec laquelle les différents professeurs l'ont enseignée, entraînés aussi bien par leur propre talent, que par l'idée d'avoir pour élève un prince aux facultés exceptionnelles : elle devient absolument écrasante. Et pour comble de malheur, le surmenage intellectuel, qui en est résulté, ne se révéla chez lui par aucun de ses indices ordinaires : affaissement physique ou moral. Il se manifesta au contraire dans son activité fiévreuse, à laquelle, pour sa gloire et pour le bien de la monarchie, probablement tout le monde l'excita encore. De sorte que, vu la faiblesse de l'organisme humain, une catastrophe devenait tôt ou tard inévitable, soit amenée directement par la maladie, soit provoquée indirectement par des crises psychologiques.

« Dieu pourvoie à ce que les arbres ne poussent pas jusqu'au ciel, » disent les Allemands, et l'Histoire leur répond tristement avec le nom d'Alexandre ; la Poésie avec celui de Marcellus, de lord Byron ; l'Art avec ceux de Raphaël et de Mozart !

II

Quand ayant ses dix-huit ans accomplis, devenu
légalement majeur, et désirant faire acte de volonté
propre, le Kronprinz abandonna à l'explorateur Mar-
no, pour ses frais de voyage en Afrique, une somme
d'argent considérable, que son grand père, l'archiduc François-Charles, venait de lui donner : il indi-
qua clairement les tendances de son esprit, ses préoc-
cupations les plus secrètes.

Voyager ! non pas à travers des villes bruyantes,
à l'atmosphère épaissie par la fumée et les émana-
tions, à la vie factice, à l'aspect froid et empesé :
mais au sein de la Nature, — s'il est possible à peine
connue, — à l'affût des habitudes et des mœurs des
bêtes, de leur véritable physionomie, en savourant
les beautés des paysages, en admirant le lever et le
coucher du soleil, en observant les formes et les tein-
tes des nuages, s'énivrant de l'odeur subtile des prés
mouillés, des bourgeons entr'ouverts ! Et cet amour

2

instinctif de la campagne était tellement développé chez le Kronprinz, que la chasse elle-même, — cette distraction par excellence princière, — n'avait à ses yeux d'autre attrait, que de lui fournir des occasions pour accroître son savoir, pour multiplier ses tête-à-tête avec la solitude des forêts, où son imagination ardente, sa surexcitation continuelle pouvaient enfin se rafraichir, se reposer, au moins pendant quelques heures !

Aussi le voyons-nous après son dernier examen brillamment passé , — à la suite duquel l'Empereur-Roi lui conféra le grand cordon de l'ordre de St-Étienne, ayant déjà sa maison particulière, — dirigée par le contre-amiral comte Charles Bombelles, — se mettre sans retard (août 1877) en route pour la Damaltie et l'Istrie.

Certes, il y visita avec intérêt et profit le port militaire de Pola, les villes de Cattaro, Raguse, Zara, et sur le littoral hongrois Fiume, où partout il fut reçu avec enthousiasme : ses souvenirs s'arrêtèrent cependant de préférence au faune ornithologique de la Narenta et des lacs albanais, à la flore rare, mais déjà méridionale de ces provinces pittoresques, que l'occupation de la Bosnie et de l'Herzégovine devait

LE KRONPRINZ A L'AGE DE DIX-NEUF ANS

mettre l'année suivante pour toujours à l'abri de la convoitise des voisins.

Cette excursion terminée en Septembre, le Kronprinz en fit deux autres à l'étranger, en quelque sorte coup sur coup : l'une en Suisse pour étudier sur place l'industrie de l'horlogerie, l'autre en accompagnant l'Impératrice-Reine en Angleterre. Son séjour y dura assez longtemps pour pouvoir offrir ses hommages à la reine Victoria à Osborne, pour connaitre Londres, Liverpool, Dublin et Edimbourg. On lui présenta à Bradford Salt, le fameux fabriquant d'alpaga dont Dickens fait le portrait dans un de ses romans ; Lister, l'inventeur de la peluche ; et il passa des journées entières dans les filatures, dans les aciéries de Sheffield, chez John Brown, le propagateur des cuirasses pour les vaisseaux de guerre. A Edimbourg et Glasgow il fraternisa avec les étudiants, tandis qu'à la prison de Penteville il se fit conduire jusque dans les cellules des détenus pour se convaincre de l'efficacité du système pensylvanien. (*)

(*)On raconte qu'étant au British Museum, il examina la collection ornithologique avec un tel soin minutieux, que le directeur ne put s'empêcher de s'écrier : « Je n'ai ja-

De retour sur le continent — février 1878, — il ne
s'arrêta longtemps ni à Paris, ni à Berlin, malgré l'accueil on ne peut plus cordial du maréchal de Mac-
Mahon et de l'Empereur Guillaume Ier. Ses aspira-
tions l'attiraient vers le midi, et il y dirigeait déjà
ses pas, quand à Francfort-sur-le-Mein, il apprit la
mort subite de son grand-père, l'archiduc François-
Charles. Interrompant son voyage, cette douloureuse
nouvelle le ramena à Vienne, où il put encore rendre les derniers devoirs à son aïeul, qu'il avait et
par qui il était tant aimé.

Sous le coup de ce deuil profond il ne chercha
de distraction que dans ses travaux ornithologiques,
auxquels la présence du célèbre Dr Brehm, arrivé
pour faire des conférences, donna l'intérêt d'une ac-
tualité. Comme en dehors de ce spécialiste éminent
le président de la société ornithologique de Berlin,
M. Eugène de Homayer, était alors également l'hôte
de la capitale autrichienne, et comme M Hodek le

mais vu un prince, qui eût montré tant d'assiduité ! »
Exclamation admirative d'autant plus sincère et véri-
dique, que le pauvre homme n'en pouvait plus, et qu'elle
fut rapportée par la suite non moins fatiguée du Kronprinz. Mais celui-ci, avide d'apprendre ne s'en émeut pas,
et quittant une rangée d'oiseaux d'outre-mer, il dit simplement au désespoir de l'assistance : « Passons maintenant aux autres »

préparateur naturaliste du Kronprinz, reçut justement des avis du Sud de la Hongrie annonçant, que les pronostics étaient particulièrement favorables pour sa campagne annuelle : l'idée d'une expédition ornithologico-cynégétique sur le Bas-Danube s'imposa au Kronprinz d'autant plus spontanément, que les oiseaux carnassiers de la presqu'île balkanique se rencontrent en grande partie dans ces parages-là, et d'un autre côté le Dr Brehm s'occupa alors précisément de la question : si l'aigle royal et l'aigle doré appartenaient à la même espèce ? Tel est l'historique du déplacement aussitôt résolu, aussitôt exécuté, auquel le Kronprinz convia — outre les personnes précitées,— son beau-frère, S. A. R. le prince Léopold de Bavière aussi, et dont il consigna les péripéties dans son premier ouvrage littéraire : *Quinze jours sur le Danube* (22 Avril — 7 Mai.)

Paru tout d'abord dans une édition tirée à peu d'exemplaires, destinée seulement aux membres de la famille impériale et royale et à des amis, cet ouvrage fit néanmoins promptement sensation. L'Académie des Sciences à Vienne élut son juvénil auteur, membre honoraire, tandis que l'Université de Budapest

lui décerna un diplôme doctor ès-sciences à l'occa-
tion du centenaire de sa fondation.

Mais, quoique très-sensible à ces distinctions, l'archiduc Rodolphe ne continua pas moins à remplir sa
lourde tâche comme héritier de la couronne. Le 1er
août 1878, on le voit partir pour Prague, où il est
attaché en qualité de colonel honoraire au 36e
régiment de ligne. Et la garnison a beau le recevoir
avec les honneurs souverains : après la revue passée à son intention, il se présente modestement
chez tous les généraux pour annoncer son arrivée, et
dès le lendemain matin, il assiste chez le capitaine
au rapport.

D'ailleurs, grâce à la vivacité de son esprit, il n'a
pas eu besoin d'un long stage pour vaincre les difficultés du métier militaire. On le chargea graduellement du commandement d'un, de deux, de trois ba-
taillons, qu'il sut si bien rompre aux exercices, que
l'année suivante aux grandes manœuvres, pendant
l'attaque d'une forêt, il mérita déjà les éloges du général de division de Filippovics à cause des mouvements habiles de son régiment.

On lui en confia, au bout de quelques mois, la
direction administrative également, et selon les

notes du ministère de la guerre, il se mit vite au courant de ce nouveau travail. Toutes les affaires passaient par ses mains, et il les jugeait avec la plus grande impartialité, ayant consciencieusement approfondi leurs dossiers.

Tant d'occupations pratiques n'excluaient cependant chez lui jamais les recherches spéculatives. Il en fit connaître les résultats dans ses conférences, notamment dans celle, où il parla de la bataille de Spickeren, dont il fit une saisissante description, bourrée d'aperçus tactiques et stratégiques. Pour les recueillir il veilla plus d'une fois près de sa table encombrée de documents, ne la quittant qu'avec l'aurore, à l'heure où il fallait qu'il se rende auprès de ses soldats.

Installé avec sa maison dans le Hradschin, demeure des anciens rois de Bohême, entouré de l'aristocratie féodale, il resta cependant à l'égard des autres officiers un véritable camarade. Après l'installation d'un mess, présidé par le colonel de Hotze, il n'hésita pas à s'y faire inscrire, payant ponctuellement ses quatorze florins par mois, et assistant le plus souvent possible aux repas en commun, égayés par sa bonne humeur. Comme le régiment avait pris une part glorieuse à la victoire de Custozza, il se faisait raconter souvent par les anciens les incidents de cette journée mémorable. Il insista aussi pour que les dimanches on fasse de la musique, et fit valoir le talent d'agrément de chacun.(*)

On trouvera tout naturel qu'après avoir ainsi satisfait à ses devoirs professionnels, ses pensées se soient reportées vers ses études préférées, qu'en prévision de ses futures expériences botaniques, il ait acheté l'île de Lacroma en Dalmatie, qu'il se soit préparé avec le Dr Brehm à une nouvelle excursion ornithologique.

Mais ses sentiments filiaux le conduisirent d'abord à Vienne. On y fêta le 24 avril 1879 les noces d'argent de ses augustes parents, qu'il surprit

---

(') A une de ses promenades à cheval il aperçut le sous-lieutenant X plongé dans la lecture d'une lettre, qu'il serra avec précipitation dans sa poche à l'approche du Kronprinz.

« Pourquoi interrompez-vous votre agréable lecture ? lui demanda-t-il en souriant. L'officier ne s'attendant pas de sa part à une pareille question, lui répondit tout troublé, que ce n'était qu'une lettre de son père.

« Et probablement papa ne veut pas envoyer d'argent à son fils ?

La rougeur du jeune homme, devenu muet, prouva à l'archiduc Rodolphe la justesse de sa réflexion. Il l'a compléta le lendemain avec l'envoi d'une somme ronde accompagnée de la mention : Reçu et remerciments interdits.

en compagnie de ses sœurs, avec leurs portraits, tous trois sur la même toile, peints par Canon. Dans le cortège des corporations, point culminant des ré- jouissances, on lisait sur le char de la typographie comme échantillon de ses plus récents produits, le titre de l'ouvrage du Kronprinz. (*)

Les applaudissements, avec lesquels la foule salua cette allusion spirituelle, ne retardèrent pas d'un seul instant le voyage projeté de l'archiduc Rodolphe en Espagne et en Portugal. Il l'entreprit le 29 avril, et quelques jours plus tard, passant par Milan et Gênes et de là par mer au bord du « Miramar », il put déjà serrer dans ses bras le roi Alphonse XII, son ami d'enfance, élevé à Vienne au Thérésianum pendant l'exil de la reine Isabelle.

Si la Péninsule ibérique a beaucoup d'intérêt pour tous les touristes en général, elle a dû en avoir encore plus pour un Habsbourg, dont les ancêtres y ont régné pendant des siècles; pour un chercheur, qui voit la première fois les effets, que le croisement de la race latine et arabe, du monde ailé de l'Europe

---

(*) Les enfants, nés ce jour là dans les hôpitaux de Vienne, reçurent de sa part des cadeaux, et on leur donna le nom de Rodolphe ou de Rodolphine sans exception.

et de l'Afrique a engendré aux pieds des Pyrénées, dignes à elles seules d'un long pélerinage.

Les fêtes, que la cour de Madrid et le roi don Luiz ont données en l'honneur de l'archiduc Rodolphe, les revues des troupes espagnoles et des forces navales portugaises, une courte apparition à Tanger, sur la rive africaine, que depuis Charles V — en 1541 — aucun membre de sa famille n'avait plus foulée, se sont agréablement gravées dans ses souvenirs, comme il s'en est souvent expliqué. On doit donc attribuer le titre : *Esquisses d'un voyage ornithologique en Espagne,* sous lequel le récit en fut plus tard publié, à son désir de faire oublier le prince au profit du savant.

N'ayant pas eu encore la satisfaction de pouvoir inscrire l'ours parmi les victimes de son fusil impeccable, il se rendit au milieu de l'automne de la même année dans le Nord-Est de la Hongrie, et il parvint à en abattre un à Munkacs. C'est un événement dans la vie d'un disciple de St-Hubert, qu'accompagne la plaisante cérémonie de sa proclamation comme chasseur d'ours, que le Kronprinz a subie avec la meilleure grâce du monde, et qu'il a imposée ensuite à son tour à tous ses compagnons, notamment à l'archiduc

François-Ferdinand, son cousin et aujourd'hui son héritier présomptif.

Ce fut pendant son congé suivant, à Noël, que l'Empereur-Roi décida son mariage prochain. Le Kronprinz se soumit immédiatement à la volonté paternelle avec sa déférence respectueuse ordinaire, qu'il savait si gentiment exprimer par un baisemain tendre, chaque fois qu'il rencontrait son père — même en public — après une séparation.

On croit que son voyage à Dresde au commencement de 1880 se rapporta à ses projets matrimoniaux. La vérité est, que le 7 mars, tous les peuples de la monarchie apprirent enthousiasmés la nouvelle de ses fiançailles avec la princesse Stéphanie, seconde fille de LL. MM. le roi des Belges, Léopold II et de la reine Marie-Henriette; car les sentiments libéraux et constitutionnels du petit-fils de Louis-Philippe sont universellement connus, et promettaient d'affermir le Kronprinz dans ses tendances vers le progrès incessant.

De la jeune fiancée elle-même, quoique les détails de sa courte biographie fussent ignorées — excepté la date de sa naissance : le 21 mai 1864; quoiqu'on n'eût d'elle aucun portrait, — le dernier remontait jusqu'à son enfance, — il était difficile de ne pas augurer au complet bonheur de son mari et de ses sujets futurs, tenant par sa mère à la famille impériale et royale, dont feu le palatin Joseph — père de la reine — restera pour toujours un des membres le plus vénéré.

L'archiduc Rodolphe fit lui-même sa demande au château de Laeken, dans la grande serre du jardin d'hiver. Avec la permission des souverains il s'avança seul vers la charmante enfant, et lui parla avec tant de grâce juvénile, qu'elle dit au roi et à la reine :

« Il m'a demandé ma main si aimablement que je n'ai pu la lui refuser. »

Vu l'extrême jeunesse de la future, on ajourna le mariage à l'année suivante, et en attendant, le Kronprinz retourna à son régiment à Prague, où il fut accueilli par une avalanche de félicitations, venues des deux parties de la monarchie, après qu'on en ait transmis tout autant à l'Empereur-Roi.

Des visites nombreuses à Bruxelles, — entre autre une pour assister à l'inauguration de la statue de Léopold I⁰ʳ pendant les fêtes cinquantenaires de l'indépendance belge, — un voyage à Berlin, des chasses en Esclavonie, dont il publia sans signature le récit dans la *Jagd-Zeitung*, ont rempli le reste de l'année au cours de laquelle l'archiduc Rodolphe fut promu général de brigade et contre-amiral, et élu membre honoraire de l'Académie hongroise.

Pour la princesse Stéphanie ce laps de temps s'écoula dans l'achèvement de son éducation, très développée en fait de musique et de dessin, — dans l'étude de la langue magyare, que la reine Marie-Henriette, née à Bude en Hongrie, parle du reste elle-même, — dans les préparatifs innombrables, auxquels la perspective de toutes ses splendeurs à venir la contraignit. De là les ajournements successifs du jour du mariage, qu'en dernier lieu on fixa au 10 mai permettant ainsi au Kronprinz de faire encore une longue excursion en Orient, pour agrandir le vaste horizon de ses connaissances à la fois spéciales et variées.

Commencée le 9 février en compagnie du grand-duc dépossédé de Toscane, Ferdinand IV, cousin de l'Empereur-Roi, du peintre Pausinger, son itinéraire conduisit l'archiduc Rodolphe de Miramar, au bord de l'Adriatique, par Corfou et Zante — où on fit halte pour pouvoir brûler quelques cartouches sur les rares lièvres de l'île, — à Alexandrie en Egypte.

Hôte du vice-roi, le Kronprinz parcourut le pays
des Pharaons, non seulement en touriste chasseur,
mais aussi comme futur souverain d'une monarchie
dont l'influence est considérable dans ces contrées.
Les colonies austro-hongroises des grands centres
lui préparèrent des réceptions splendides, les catholi-
ques de Korosco le saluèrent à Assouan, à la première cataracte du Nil, — point extrême du voyage,
— la compagnie du canal de Suez, M. de Lesseps, en
tête, lui offrit des fêtes à Port-Saïd et des chasses dans
le désert, et dès son débarquement en Palestine,
il fut accompagné d'une escorte d'honneur sur l'ordre du Sultan.

Après des méditations pieuses aux saints lieux
dans Jérusalem et dans Bethléem, après avoir tra-
versé à petites journées la région malsaine de la
Mer-Morte et suivi la vallée du Jourdain, il se rem-
barqua à Haïfa sur le « Miramar » pour retourner le
plus vite possible en Autriche-Hongrie, où les apprêts
des solennités nuptiales étaient déjà terminées ; où
l'on attendait leur célébration avec une joyeuse im-
patience !

III

Ce fut le 5 mai à Salzbourg, ville pittoresque et jadis résidence d'un archevêque-souverain que la princesse Stéphanie, conduite par ses parents royaux, mit le pied sur le territoire austro-hongrois. L'archiduc Rodolphe vint au devant d'elle, et la population lui organisa une réception enthousiaste, inaugurant ainsi la longue série des fêtes, que la cour et les deux capitales de la monarchie préparaient pour le mariage et en l'honneur des nouveaux époux.

Précédée du Kronprinz, la famille royale Belge, arriva le lendemain à Vienne. Reçue à la gare par l'Empereur-Roi et au palais de Schoenbrunn par l'Impératrice-Reine, elle y fut rejointe par le prince de Galles, par le prince et la princesse Guillaume de Prusse, — actuellement empereur d'Allemagne, — dont la présence attesta hautement de quel œil bienveillant les puissances regardaient cette union !

Elle fut bénie le jour désigné par le prinz Schwarzenberg, cardinal-archevêque de Pragues, à l'église des Augustins, où le corps diplomatique, les délégations du Reichsrath autrichien et du Parlement hongrois, la fleur de l'aristocratie austro-hongroise et belge, groupés autour de François-Joseph et Léopold, autour de l'Impératrice-Reine et la reine Marie-Henriette, formaient pour la cérémonie religieuse un cadre incomparable de grandeur, d'éclat et de magnificence !

Ayant agréé les félicitations des provinces autrichiennes, et assisté à plusieurs bals et aux représentations de gala des théâtres impériaux, le jeune couple archiducal partit le 18 mai pour Budapest. Là, c'étaient les pays de la couronne de S¹-Etienne qui souhaitaient la bienvenue à la petite fille d'un de leurs régénérateurs ; là, c'était une éblouissante escorte de magnats hongrois, qui lui parlait de la proximité de l'Orient ; c'était une foule en délire, qui l'initiait aux sentiments impétueux de la nation magyare.

Mais tout d'abord l'Empereur-Roi ne choisit ni l'une, ni l'autre de ces deux capitales pour l'installation définitive de la maison de son fils. Quoique considérablement agrandie, elle ne se sentait pas encore à l'étroit entre les murs séculaires du palais royal bohême. Du reste étant investi du commandement de la 18e brigade d'infanterie, le Kronprinz ne pouvait quitter Prague qu'après avoir été promu général de division, — grade qu'il obtint deux ans plus tard.

Exténué de fatigue à la suite de sa longue excursion, enivré de son bonheur conjugal, énervé par le bruit des ovations, l'archiduc Rodolphe ne se permettait malheureusement aucun repos. Avec son ardeur fébrile, à peine revenu au Hradschin, il se mit à la rédaction littéraire de ses nombreuses notes, recueillies en Egypte et en Palestine, pour les soumettre non plus à des lecteurs privilégiés, mais au grand public lui-même. *Un voyage en Orient* fut le fruit de ce travail acharné, pendant lequel l'archiduchesse Stéphanie reprit de son côté ses études de dessin et de peinture, sous la direction du peintre Canon.

Il est vrai qu'à la rigueur on peut considérer comme des diversions salutaires les grandes manœuvres de Miskolcz en Hongrie et les chasses à l'ours de Goergény-Szent-Imre en Transylvanie, auxquelles le Kronprinz assista aux mois d'août et novembre de la même année. Mais sa responsabilité de général engagée, le contrôle constant de ses impressions en face de la nature et leur véhémence, ne lui permirent pas d'en jouir au profit de sa santé physique et morale. D'apparence excellente, elle subissait secrètement les atteintes du surmenage fatal, auquel sa situation, ses facultés l'ont dès son enfance condamné, comme on a pu s'en convaincre plus haut.

Peut-être s'en est-il rendu compte lui-même; car en 1882 on remarque dans son existence une accalmie relative. Deux excursions cynégétiques en Transylvanie, la visite de l'exposition internationale de Trieste, la publication de plusieurs articles dans le journal de chasse sus-nommé et dans la revue de la société ornithologique indiquent cependant clairement, que l'archiduc Rodolphe ne désertait aucun de ses devoirs de prince héritier et d'écrivain.

On peut affirmer par contre, que les événements de l'année suivante exercèrent sur le restant de ses jours une influence capitale.

Si par la naissance de l'archiduchesse Elisabeth, sa fille unique, — le 3 septembre à Laxenbourg, — son cœur de père se remplit d'un contentement

ineffable : la certitude , que, selon la sanction pragmatique, elle serait écartée du trône en faveur des
descendants mâles de la famille des Habsbourgs,
dût l'attrister profondément et lui ôter une des conso-
lations les plus efficaces, qui aident à supporter les
difficultés de la vie, les mêmes sur toutes les échelles
des conditions humaines.

Le discours que le Kronprinz prononça à l'ouverture de l'Exposition internationale de l'électricité à
Vienne, fut son début oratoire (le 16 août).

« Nous ouvrons aujourd'hui, dit-il, avec un sentiment d'orgueil cette exposition, que l'on ne doit
qu'au dévouement et aux sacrifices de quelques pa-
triotes. Le but de cette œuvre est d'employer, à l'aide
du travail scientifique, une force naturelle puissante,
dont la valeur n'est pas éphémère et au développement ultérieur de laquelle nous croyons absolument !!.

« A vrai dire, ce n'est pas absolument le jeu du
hasard, que cette troisième exposition de l'électricité appliquée à l'éclairage, la plus complète de toutes,
grâces aux efforts des savants et des industriels, soit
organisée dans notre Vienne hospitalier. Est-ce que
ce n'est pas dans notre ville natale que l'allumette

chimique de Preschel a flambé la première fois en 1833, remplaçant pour jamais les briquets, dignes de l'âge de pierre, et les autres ustensiles inflamma- toires antérieurs. (*) Est-ce que la marche triom- phale de la bougie stéarique à travers le monde n'a pas eu pour point de départ Vienne, en 1837? Il faut encore ajouter que ce fut à Vienne que Zinser le Morave eut l'idée d'employer le gaz pour l'éclairage des rues, — transformant complètement la vie ur- baine, — et que son application pratique ne s'effec- tua en Angleterre que plus tard. »

« Il est donc tout indiqué, que maintenant, quand nous arrivons à une phase nouvelle dans le déve- loppement de l'éclairage, Vienne occupe de nouveau une place digne de son passé, et que la lumière sorte en profusion de cette Exposition ! »

«Aussi nous affirmons hardiment, qu'elle fait hon- neur à l'empire et à la capitale, et que nous sommes on ne peut plus reconnaissant aux puissances voi- sines de leur concours précieux dans notre sérieux travail ! »

(*) L'inventeur de l'allumette chimique était en réalité M. de Jrinyi, amateur-chimiste, gentilhomme campa- gnard hongrois. Ne comprenant pas la valeur commer- ciale de son invention, il la vendit pour quelques cen- taines de francs, les modestes frais de son voyage à Vienne!

— « J'ouvre l'exposition internationale de l'électricité au nom de S. M. l'Empereur » !...

Il y avait pour l'archiduc Rodolphe plus qu'une satisfaction d'amour propre dans son avancement au grade de général de division, survenu à cette époque. Le commandement de la 25e brigade d'infanterie le rappela à Vienne, facilitant son contact avec les individualités les plus marquantes du monde artistique et littéraire. Avec sa pénétration bien au-dessus de son âge, il en mesura vite toute la grandeur et toute la petitesse ; et jugeant, que sous la conduite d'une supériorité indiscutable, au service d'une pensée généreuse, on pourrait facilement tirer partie de l'une et corriger l'autre, il se proposa la conception d'une œuvre, dont la réussite rejaillirait également sur tous les collaborateurs, et mettrait leurs mérites en égale lumière. Et pour en trouver le sujet, il n'eut qu'à écouter son patriotisme, qui, détruisant les barrières créées par la différence des origines et des langues parmi les peuples de la monarchie, l'embrassait d'un même amour du lac de Constance jusqu'aux Portes-de-fer, des Karpathes jusqu'à l'Adriatique !

Réaliser, cette conception originale, gigantesque, qu'un héritier du trône pouvait seul ébaucher et une phalange d'hommes supérieurs seule exécuter, devint *La monarchie austro-hongroise en paroles et en peinture*. S'il paraît opportun d'en parler longuement dans la biographie même du Kronprinz, c'est qu'elle est pour lui au fond plutôt un acte politique, qu'un travail littéraire, malgré le nombre de ses qualités de prosateur, qu'il y a prodiguées dans les pages sortant de sa plume; c'est qu'elle constitue sa tentative suprême en vue de l'amalgamation morale et spirituelle des races hétérogènes, réunies de plein gré sous le sceptre de ses aïeux, dont les rivalités furent si avidement exploitées pendant des siècles par des politiciens aux abois. D'ailleurs l'archiduc Rodolphe se voua dès ce moment-là tellement à cette entreprise, que les différentes phrases de son incubation, de sa publication et de sa marche assurée, se transformèrent pour lui en autant de dates mémorables. Il y trouva aussi en quelque sorte la prise en possession idéale de son règne à venir, dont il aurait voulu retarder le commencement effectif à l'infini.

Miroir fidèle de toutes les merveilles de l'Autriche Hongrie pittoresque, encyclopédie complète par rapport à son histoire, à ses célébrités et à ses richesses naturelles et industrielles, chronique des mœurs et des usages de ses populations si variées, écho de ses langues et de ses chansons : *La monarchie austro-hongroise en paroles et en peinture* est en même temps un échantillon grandiose du savoir de ses littérateurs et de ses artistes, du caractère et des tendances de leurs travaux. Pour répondre au dualisme qui constitue actuellement la base des institutions politiques de l'état, elle paraît à la fois en allemand et en hongrois, à Vienne et à Budapest; ses collaborateurs sont recrutés pour chaque moitié de la monarchie,— parmi les savants et les peintres dessinateurs indigènes, Allemand pour l'Autriche, Hongrois pour la Hongrie; le texte original est au fur et à mesure traduit réciproquement dans les deux langues ; car les quinze volumes, dont se composera l'ouvrage, et sur lesquels, un a servi d'introduction générale, sept reviendront à l'Autriche, cinq à la Hongrie, deux à la Bosnie et à l'Herzégovine, — paraissent alternativement en fascicules bimensuels.

Quelque fougueuse qu'eût été l'activité du Kronprinz, il ne serait jamais parvenu à vaincre seul les difficultés inhérentes à une publication pareille. S'adjoindre deux directeurs — l'un allemand et l'autre

hongrois — était donc une mesure tout indiquée, qui,
sans amoindrir le mérite de son initiative, a sage-
ment garanti la répartition de la tâche, la plus conforme aux facultés de chacun, et le fonctionnement
régulier de tous les services de la rédaction et de l'ad-
ministration.

Deux personnalités s'imposèrent à l'archiduc Rodolphe dans son choix d'auxiliaires aussi indispen-
sables: pour l'édition allemande celle de Joseph de
Weilen, pour la hongroise celle de Maurus Jokai,
dont le nom universellement connu, le talent hors
de pair, le passé presque révolutionnaire et le présent
tout à fait conservateur garantissaient amplement
l'éclectisme le plus impartial. Si l'auteur dramatique
viennois, un des anciens professeurs du Kronprinz,
et le grand romancier hongrois, que le public français
a pu souvent apprécier en traduction et en adaptation,
s'acquittèrent avec bonheur de leur charge, ce qui
prouve une fois de plus leur goût et leur tact parfait:
l'empressement avec lequel on est venu au devant
d'eux, n'a pas peu aidé à leur complète réussite. Cependant il serait injuste de croire, que l'orgueil satisfait, l'appat du gain ou des honneurs seule ussent pu
produire un tel résultat. C'est avant tout par l'en-

thousiasme communicatif de l'archiduc Rodolphe, que les écrivains et les peintres autrichiens et hongrois se sont laissés entrainer.

Encouragés par l'exemple du Kronprinz plusieurs membres de la famille impériale et royale se sont mis au rang des collaborateurs: les archiduchesses Stéphanie et Clotilde comme dessinateurs, l'archiduc Joseph comme auteur d'un essai sur les Tsiganes, qu'il doit publier dans la partie hongroise.

Parmi les littérateurs de profession, dont *La monarchie austro-hongroise en parole et en peinture* a déjà publié des travaux, citons MM. Sonklar, Moysisovich, le baron Andrian-Werburg, de Zeissberg, Pulszky, Hunfalvy, Pauler, Baksay, Toers, Bedoe, J. et Ch. Szab o, Niemann, Hanslick, Speidel, Falk e, Exner, le comte Wurmbrand, Weissenhofer etc., et MM. les peintres Charlemont, Zichy, J. et B. Benczur, Wagner, Schindler, Siegl, Greil, Vago, Ebner, Pausinger, etc. Leur liste n'est pas définitivement close et s'allongera dans une proportion notable avec le développement du livre.

Ce fut le 7 juin 1884, que l'archiduc Rodolphe adressa sa première circulaire à ses collaborateurs futurs, après avoir arrêté les principales lignes de

l'entreprise au point de vue matériel et financier.
Mais pour pouvoir la réaliser, il lui faudra encore
dix-huit mois préparatoires, pendant lesquels mille
autres occupations l'en distraieront.

Peu de jours auparavant, le 7 Avril, il présida
à l'ouverture du congrès ornithologique de Vienne.
Dans son discours, en saluant les savants, il leur
déclara, que malgré son penchant pour l'ornithologie, il ne se croit qu'un amateur, qui n'est pas digne
d'être admis parmi eux à cause de l'exiguité de ses
connaissances. « Ce sont les sciences naturelles,
— ajouta-t-il — avec leurs axiomes clairs, avec leurs
recherches concernant les lois physiques, et l'utili-
sation des forces naturelles, qui impriment leur cachet indélébile à ce siècle. Aussi c'est avec la plus
grande joie que nous vous voyons victorieusement
marcher en avant, sous l'égide du progrès scientifiquement déterminé, vous les chercheurs, confinés
dans les laboratoires physiques, dans les amphi-
théâtres des écoles de médecine, dans les observa-
toires, ou qui vivez en plein air pour pouvoir observer
sur le fait la vie, la production, son commencement
et sa fin. »

Malgré cet excès de modestie, les membres du

congrès parvinrent cependant à le décider de siéger
avec eux. En prenant part à la discussion, le Kronprinz appuya de son mieux les efforts, que l'on allait
tenter en faveur de la protection légale des oiseaux.

Mais, poussé de nouveau par le besoin d'apprendre, huit jours plus tard, il se met déjà en route pour
Constantinople avec l'archiduchesse Stéphanie. Vi-
siteurs infatigables de toutes les curiosités historiques de la cité merveilleuse et de ses environs, hôtes du Sultan, qui les reçoit avec son affabilité
proverbiale au Yildiz-Kiosque, ils restent cinq
jours sur les bords du Bosphore, et y font oublier —
grâce à la séduction de leur jeunesse radieuse —
aux plus farouches musulmans l'occupation de la
Bosnie et de l'Herzégovine.

Non moins grand a été leur succès à Roustchouk
en Bulgarie et auprès du roi Carol et de la reine
Elisabeth de Roumanie, à Bucarest où il se sont ar-
rêtés plusieurs jours en revenant de Turquie. Il
fallut même qu'ils promettent le prompt renouvelle-
ment de l'entrevue. Elle eut lieu dans le mois de
septembre suivant au château de Sinaïa, résidence
d'été de la cour roumaine sur le versant sud des

Karpathes orientales, et resserra sensiblement les liens d'une sincère amitié.

De Bucarest le couple archiducal reprit le chemin du Danube, qu'il remonta, à travers l'incomparable passe de Kazan, jusqu'à Budapest, faisant escale à Belgrade pour rendre visite au roi et à la reine de Serbie,

Rentré à Vienne le Kronprinz ne jouit pas long-temps d'un repos réparateur. Dans le courant de juin il suivit l'Empereur-Roi à Pola pour assister aux manœuvres navales, et en juillet et août il bivouaqua avec sa division au camp de Bruck.

Les chasses ramenèrent l'archiduc Rodolphe cette année là plusieurs fois en Hongrie. A la fin de l'hiver il fit une excursion dans les parages de la Raba, confluant du Danube, — une autre en Transylvanie après le voyage à Sinaïa, et de là directement une troisième à Nagy-Karoly chez le comte Etienne Ka-rolyi, dont il a toujours beaucoup goûté le caractère enjoué, l'esprit pétillant et le cœur loyal.

Au mois de novembre il se rendit à Berlin pour ré-pondre aux invitations pressantes du jeune prince Guillaume de Prusse, avec lequel il était alors dans une intimité très-étroite en raison de l'identité de leurs âges et de leurs qualités d'héritier du trône.

Outre les soucis, que la publication imminente de
*La Monarchie austro-hongroise en paroles et en
peinture* allait créer au Kronprinz, l'année 1885
devait le charger d'une autre responsabilité non
moins sérieuse.

Ayant accepté le patronnage de l'Exposition nationale hongroise, organisée par le gouvernement à
Budapest, et comptant y recevoir les souverains de
la presqu'île balkanique et d'autres personnages
princiers, il en surveilla les préparatifs avec une
attention soutenue, qui, quoique très bienveillante
au fond, ne manquait pas de faire sentir son influence salutaire à l'occasion.

Mais sa soif de l'Orient ne le quitta pas même au
milieu de tant de travaux absorbants. Accompagné
de l'archiduchesse Stéphanie, il s'embarqua à Pola
de nouveau sur le « Miramar, » et prenant pour
objectif final du voyage Damas en Syrie, il se fit
conduire à Beyrouth. A vrai dire, limité par le
temps, c'était plutôt une promenade qu'une excursion; car pendant le seul mois de mars il fallait encore jeter l'ancre devant l'île de Rhodes, se rendre
au Priée, visiter Athènes, monter jusqu'à Cetinje,

tout en assistant aux fêtes, que la cour de Grèce et de Monténegro étaient désireuses d'offrir aux infatigables touristes.

De retour au commencement d'avril, le Kronprinz se mit immédiatement à la composition d'une préface pour son ouvrage patriotique et à l'organisation définitive de l'Exposition de Budapest, à laquelle il prit part lui-même avec l'envoi d'une collection de cors de cerf et d'oiseaux empaillés appartenant au faune de la Hongrie.

Preuve matérielle de sa bienveillance, de valeur considérable au dire des gens compétents, cet envoi disparait néanmoins complètement devant l'importance morale des discours prononcés par l'archiduc Rodolphe à l'ouverture et à la clôture de cette première exposition nationale hongroise. S'adressant à l'Empereur-Roi, entouré d'un parterre d'archiducs et d'archiduchesses, du corps diplomatique accouru de Vienne et des sommités intellectuelles du pays, le premier était ainsi conçu:

« Majesté impériale et royale apostolique! Notre plus gracieux maître.

« Bienheureux est l'instant, où il m'est permis de m'approcher du souverain avec l'humble prière :

plaise à Sa Majesté d'accorder à cette exposition, avec sa royale parole, le salut inaugural, propice entre tout pour son avenir !

« Il y a dix siècles, que la nation hongroise se maintient entre les fluctuations de sa bonne et mauvaise fortune, et qu'elle a fondé une puissante existence nationale sur ce sol, conquis par ses aïeux.

« Aujourd'hui, les pays de la couronne de St-Etienne se réunissent avec des forces renouvelées dans cette fête de la paix : spectacle splendide, attestant au monde à satiété, ce qu'est devenue la Hongrie pendant un laps de temps relativement court, sous le gouvernement sage, libéral et prévoyant de Votre Majesté, et grâce au patriotisme de la nation !

« Résumé dans un tableau vaste et riche en couleurs, ce grand ou plutôt surprenant progrès de la Hongrie sur le chemin de la civilisation, se fait voir ici dans tout son éclat.

« En exploitant les trésor s de la nature, l'intelligence, la bonne volonté et le travail des peuples de la couronne de St-Etienne les a rendus fructueux.

« C'est une véritable revue de l'agriculture, de la sylviculture, de l'exploitation minière, de l'élevage

4

hongrois ; de la force industrielle et manouvrière, des créations littéraires, scientifiques et artistiques, de la prospérité scolaire de la Hongrie.

« Ici nous possédons les indices tangibles de ce développement aussi intensif que sain, qu'un patriote ne peut considérer qu'avec le sentiment de l'extrême satisfaction.

« Les pays également gouvernés par le sceptre béni de Votre Majesté, salueront avec joie ces progrès de la Hongrie, — tandis que les habitants des contrées étrangères, ayant étudié l'Exposition, payeront un nouveau tribut à l'activité et au génie hongrois avec leur approbation impartiale.

« Mû par de tels sentiments et sous le coup de pensées semblables, je m'avance humblement vers Votre Majesté pour implorer qu'Elle veuille prononcer l'ouverture de l'Exposition. »

Couvert de salves d'aplaudissements, d'*Eljen* tonnants, — ce discours fut six mois après — le 4 novembre — largement dépassé par un second répondant à l'allocution du comte Paul Széchenyi.

« Avant tout — dit le Kronprinz — laissez-moi exprimer mes remerciements à M. le ministre de l'agriculture et du commerce — d'abord — pour les

paroles flatteuses, qu'il a bien voulu m'adresser, ensuite aussi bien à lui qu'aux deux présidents — M.
le comte Eugène Zichy et M. Alexandre de Matle-
kovich, — ainsi qu'à vous tous, Messieurs, qui avez
pris part à l'Exposition et l'avez si bien réalisée,
pour vos soins persévérants, pour vos fatigues
innombrables.

« Nous pouvons jeter aujourd'hui avec pleine confiance un regard en arrière sur notre œuvre, dont la
valeur morale sera pour nous avant tout importante,
car l'exposition éveille chez nous la confiance en
nous-même, la croyance dans l'avenir de notre développement gradué. Elle a fourni d'autre part à l'é-
tranger le témoignage le plus probant de ce que la
Hongrie est devenue dans les dernières années, et
dans quelle mesure elle a su s'élever au niveau des
états civilisés aussi bien au point de vue des créations
littéraires et artistiques, qu'en ce qui concerne l'industrie et l'agriculture.

« Dans leurs efforts juvénils tendant au progrès,
cette exposition formera une phase mémorable pour
les pays de la couronne de S¹ Etienne, et c'est là son
principal succès. Quant à nous, qui avons été heureux de pouvoir y prendre part, nous nous trouvons

amplement récompensés par la conviction que nous
avons servi notre patrie,— notre patrie, au sol sacré
de laquelle nous sommes rivés par les liens les plus
indestructibles d'un fidèle et filial amour !

« Au moment solennel de fermer cette première
Exposition nationale, réunissons nos paroles recon-
naissantes dans l'exclamation, qui erre sur les lèvres
de tout Hongrois : Vive Sa Majesté impériale et
royale apostolique, notre gracieux souverain, —
vive notre patrie adorée ! »

Dites avec un accent chaleureux, ces phrases ému-
rent l'assistance jusqu'aux larmes et provoquèrent
un tel enthousiasme, que le mouvement spontané du
comte Paul Széchenyi, d'embrasser la main du Kronprinz, devint en quelque sorte l'expression naturelle
de l'attendrissement général.

Parmi les hôtes, reçus par l'archiduc Rodolphe à
cette occasion, il faut signaler au mois d'octobre le
prince de Galles et le prince Guillaume de Prusse,
venus ensemble, tandis que dans le courant de l'été
il fut invité à son tour par la cour de Belgique pour
visiter l'Exposition d'Anvers.

En enregistrant encore une nouvelle excursion
automnale cynégétique à Goergény en Transylvanie,

on arrive au 2 décembre 1885, jour où, accompagné de ses deux directeurs, le Kronprinz put enfin présenter à l'Empereur-Roi le premier fascicule de *La monarchie austro-hongroise en paroles et en peinture.*

Voici la relation charmante que Maurus Jokai a fait de cette solennité dans le journal illustré hongrois le *Vasarnapi Ujsag* :

« Cette fois, Sa Majesté nous recevait non pas dans un local des réceptions officielles, mais dans son bureau intime. C'est une petite chambre tranquille, simple *home* sans apparat. Cependant elle contient quelque chose d'inestimable : les deux portraits en pied de Sa Majesté l'Impératrice-Reine dans tout l'éclat de la jeunesse.

« L'Empereur-Roi était de très-bonne humeur. Son teint dénote la santé robuste des personnes, qui ont des occupations fortifiantes. Dans ses traits martiaux en dehors de sa bienveillance habituelle, qui se marie si bien avec sa gravité souveraine, on voyait cette fois-ci les éclairs d'une joie intérieure. Ce n'était pas le monarque et son sujet, qui se trouvaient en face l'un de l'autre, mais le père et le fils. Les discours n'ont pas été lus non plus ; ils étaient éclos dans les cœurs. Toute la scène portait l'empreinte de la vraie salutation, de la vraie réception patriarcale. Quand l'Empereur-Roi a tendu sa main au Kronprinz, qu'il a embrassé, j'ai cru revoir les temps fabuleux de nos aïeux !

« Dans son allocution, l'archiduc Rodolphe s'est surtout appesanti sur la circonstance, que quoique strictement conforme au système dualistique, cette œuvre s'occupera dûment de chaque nationalité de la monarchie. Il a également beaucoup souligné son but qui ne peut être que de faire bien connaître, et par là de faire bien aimer la patrie commune.

« Le Kronprinz a transmis ensuite à l'Empereur-Roi la première livraison allemande et hongroise. Après quoi Sa Majesté m'a exprimé sa satisfaction, que l'on ait pu commencer et mettre en train un ouvrage de cette importance dans un si bref délai. Elle a daigné nous entretenir également des détails de la composition et de l'exécution de l'œuvre. Puis, tout-à-coup, se tournant vers son fils et indiquant la préface : » Et cet article, est-ce toi qui l'as écrit? dit-il, et s'adressant à nous, il nous demanda s'il était bien fait ?

« Moi-même, dépassant les convenances, j'ai osé

lui répondre que l'archiduc Rodolphe était le meilleur écrivain du livre et cela sans flatterie, car il a
un tel style soigné, expressif, faisant image avec peu
de mots, que nous pouvons tous le prendre comme
modèle en-deçà et en-delà de la Leitha ! »

Pour compléter les renseignements fournis plus
haut sur *La monarchie austro-hongroise en paroles
et en peinture,* il est nécessaire de signaler que, le
prix en est des plus modiques — il devait l'être afin
que toutes les couches de la population puissent
l'aborder, comme c'était le but patriotique du Kronprinz, et il est devenu possible qu'il le soit, depuis
que l'Empereur-Roi, en acceptant la dédicace, a géné-
reusement promis de couvrir le déficit. Heureusement il n'y en a pas, et l'entreprise est en train de
devenir au contraire un succès jusqu'ici inconnu
dans les annales de la librairie austro-hongroise.

C'est avec plusieurs nouvelles marques de l'intérêt profond dont le monde savant suivait les travaux
de l'archiduc Rodolphe, que l'on voit commencer
pour lui l'année 1886. Au mois de janvier il fut élu
membre de l'Académie des sciences de St-Péters-
bourg, et à l'inauguration du nouveau palais de l'U-

niversité de Vienne il reçut le diplôme d'un docteur
en philosophie honoraire.

L'unique maladie qu'il ait eue dans sa vie : un
rhumatisme articulaire, contracté à la chasse, pendant les intempéries de l'hiver, — le fit beaucoup
souffrir à ce moment-là. Pour la guérir, les méde-
cins, — en dehors des remèdes pharmaceutiques, —
lui recommandaient avant tout le repos intellectuel.

Se conformer à leur avis, tant qu'il subissait la période aiguë du mal, ne lui parut pas impossible ;
mais une fois à l'île de Lacroma, où il dut passer les
six semaines de sa convalescence, le besoin de s'occuper le reprit, et soit en compagnie de son oncle,
l'archiduc Charles-Louis, venu également pour réta-
blir sa santé, — soit seul avec sa suite, il se mit aussitôt à parcourir les *Bocches di Cattaro,* et à Kom-
bourg les hauteurs de la Paklanicza, — véritables
rendez-vous des oiseaux voyageurs revenant vers le
Nord au mois de mars et d'avril, —pour reprendre
ses recherches ornithologiques.

En apparence entièrement remis, le Kronprinz ne
garda pas moins les traces morales de cette longue
indisposition. Déjà légèrement assombri depuis sa
dernière excursion en Orient, son caractère y perdit

une partie de son élasticité. Dès lors ses déplace-
ments deviennent plus rares et plus officiels, et répon-
dent plutôt aux exigences de sa haute position sociale
et militaire, qu'à l'impulsion de sa fantaisie.

Laissant de côté peu à peu le royaume de la gent
ailée, l'archiduc Rodolphe se sentait ramené par
son livre, malgré lui, à la politique : cependant il
n'aurait pas voulu y penser un seul instant pour
éviter la possibilité même d'une divergence d'opinion avec l'Empereur-Roi. Guidé par son exemple,
il subordonna ses vues et ses sentiments au plan
général, adopté par les hommes d'État austro-hongrois. Seulement comme sa perspicacité découvrait,
parmi les coups retors de la diplomatie, les plus
avantageux pour la monarchie, et comme son ins-
tinct de Habsbourg lui inspirait des attractions et
des répulsions insurmontables : se métriser lui
coûta des efforts, qui à la longue durent le fatiguer
et l'impatientèrent à son insu, et à l'insu de son entourage, d'autant plus sérieusement, que, surmené
par son omniscience, son puissant esprit éprouvait
également des lassitudes.

Trop intelligent pour ne pas s'en apercevoir, il dut
s'en décourager avec le découragement des natures

ardentes, qui, une fois atteintes, se croient complètement perdues. Au lieu de puiser des forces nouvelles dans son beau passé pour son avenir glorieux,
il s'attarda aux difficultés éphémères du présent, et
crut déchoir devant ses propres yeux, par ce que,
sur la scène de la vie publique, il remplissait un
rôle déterminé d'avance, que d'ailleurs son bon sens
jugeait certainement très-utile. N'émanant pas de
son initiative personnelle, il prit ses propres actes
en aversion, et s'ils furent accomplis par lui avec
une docilité machinale, tout son être s'en révolta
sourdement. De là cette accumulation de ses mé-
contentements, de ses ennuis sans raison et cependant réels, dont son âme ne supportait le poids qu'à
force d'énergie, — hélas! toujours faiblissante, —
qu'à force d'exercices corporels, — malheureusement de plus en plus rares.

Son âme? mais y croyait-il suffisamment?

Il est assez à craindre, que de ce côté-là le genre
de ses études ne l'ait entraîné à des erreurs, commu-
nes à beaucoup de naturalistes. Elles trouvaient
un auxiliaire dans sa jeunesse, avide de nouveautés
paradoxales, — dans la loi des contrastes, qui sug-
gère des idées opposées à celles du milieu où l'on

vit, — dans les tendances générales de cette fin de
siècle, niant effrontément les principes fondamentaux
du Bien, du Vrai et du Beau.

Sous le coup de dispositions pareilles, les dernières années du Kronprinz se passèrent plutôt en
occupations actives qu'en travaux littéraires. Il re-
présenta l'Empereur-Roi au jubilé de la reine d'Angleterre, ainsi qu'à l'enterrement de l'empereur
Guillaume Ier ; il fit avec l'archiduchesse Stéphanie
des voyages en Gallicie, en Bosnie et en Herzégovine ; nommé inspecteur général de l'infanterie,
il parcourut la monarchie en tout sens, et pendant
ses dernières chasses à Goergényi, il reçut le prince
de Galles et Don Miguel, duc de Bragance.

A l'automne de 1888 on lui attribua la création
d'un journal politique, dont le but serait de détacher l'Autriche-Hongrie de la triple alliance. Son
brusque départ de Vienne, pendant la visite de l'empereur d'Allemagne, donnait à cette supposition beaucoup de consistance.

On pouvait expliquer sa présence prolongée à
Vienne, pendant le commencement de l'hiver passé
également de différentes façons. Car d'ordinaire il se
rendait à cette époque-là à Abazzia, près Fiume sur

l'Adriatique, et l'archiduchesse Stéphanie s'y trouvait déjà depuis quelque temps.

Dans tous les cas, le ciel brumeux de la capitale impériale n'ajouta que des tons sombres à ses impressions pessimistes. Tout en l'éclairant un instant, les
fiançailles récentes elles-mêmes, de sa sœur cadette,
l'archiduchesse Marie-Valérie avec l'archiduc Fran-
çois Salvator, devaient l'irriter au fond. Elles par-
laient du bonheur paisible, des joies de la famille,
auxquelles il a eu le tort de ne plus croire...

Cependant il ne se serait jamais laissé entraîner
par le vertige, que la pente fatale du désespoir donne
aux caractères les mieux trempés, s'il n'eût senti,
que l'on pouvait être sceptique à l'égard des sentiments qui l'agitaient. Il s'imaginait, que défiant la
comparaison en fait de naissance, de savoir et d'esprit, assimiler ses faiblesses aux faiblesses des mortels, était pour lui une humiliation. En présence de
ses droits légitimes et acquis au rang suprême, il
ressentait la volupté inconnue à faire un sacrifice,
comme nul ne pouvait en faire. Qu'il s'accomplisse
au château de Meyerling le 30 janvier 1889, ou ailleurs et à une autre date, dans telle circonstance ou

dans telle autre, peu importe : voilà, sa seule et vraie explication !

Peindre l'effet de la nouvelle foudroyante sur la maison impériale et royale et sur la monarchie, exigerait les accents immortels de Bossuet. Et encore faudrait-il qu'il condensat sa célèbre apostrophe; car le Kronprinz ne se mourait même pas, il était déjà mort!

« Le mot nous pèse tellement, que nous n'avons pas la force de l'écrire — disait le lendemain Maurus Jokai, — et il est tellement incommensurable, que nous ne pouvons pas le croire.

« Jamais tête et cœur, appelés à régner, n'étaient revêtus de plus de sagesse et de chaleur; jamais rejeton souverain n'a mieux aimé sa patrie, que *lui*.

« C'était un preux à la mine chevaleresque, dans qui la gravité du vieillard s'unissait à l'humeur sensible de l'enfant. Aimé par tout le monde, ayant sa place dans les prières d'un peuple : il était le centre de tout progrès scientifique et libéral !

« Oh! comme j'aurais joyeusement donné ma vie, pour sauver la tienne !

« Mais qu'est ce que la mortelle douleur de ceux qui t'ont aimé, en comparaison de la douleur de la froide réflexion, pour laquelle en descendant au tombeau trop tôt ouvert, tu emportes avec toi le gage de bonheur de tant de pays et de tant de peuples !

« Tu fus l'espoir de notre avenir ! c'est sur toi que nous avons bâti les plans d'une magnifique époque future !

« Qu'avons-nous commis contre Dieu, pour qu'il t'aie ravi à notre affection !

« Que pouvons-nous demander, attendre, espérer encore ?

« Il reste une obscurité profonde, impénétrable à l'endroit, d'où tu as disparu subitement, et les yeux de notre âme interrogent en vain les secrets de l'avenir.

« Courbés dans la poussière devant ton catafalque nous pleurons notre patrie en pleurant sur toi !

« S'il y a une goutte de baume pour adoucir la douleur cent fois ressentie des augustes parents, elle ne peut être que la larme de leurs peuples en sanglot. Ceux-ci comme ceux-là, c'est leur fils unique qu'ils perdent dans l'archiduc Rodolphe. Il y a du deuil dans toutes les maisons !

« Nous l'ayant pris, glorifie-le, ô Dieu miséricordieux, afin qu'il puisse nous protéger du haut des cieux, afin qu'il voie sa patrie « adorée » heureuse « comme il aurait voulu la rendre ! »

Le fait, que des troubles dans les rues de Budapest provoquées par la discusion d'une nouvelle loi militaire, cessèrent tout-à-coup au reçu de la nouvelle fatale, donnera encore mieux une idée de la consternation générale. Elle grandit jusqu'au jour de l'enterrement du Kronprinz — le 5 février, — jusqu'au moment, où l'on déposa son cercueil dans les caveaux des Augustins à Vienne, au milieu des restes mortels de ses ancêtres, auprès de l'infortuné archiduc Maximilien, empereur du Mexique !

Héritiers présomptifs tous deux, tous deux épris des choses de l'esprit, ils reposent maintenant dans cette paix , que Dieu n'a pas accordée ici-bas à leur nature inquiète et aventureuse ! En considérant leur fin tragique avec un recueillement attendri, le penseur demandera involontairement s'ils ne sont pas des holocaustes de toute la monarchie pour expier les fautes du passé et de l'avenir? Si leur précieux sang ne constitue pas le sacrifice, au prix duquel on achète le bonheur des nations ?

Assuré sous le règne de François-Joseph Ier, que

la Providence conservera pendant des longues
années encore à l'amour de ses sujets reconnais-
sants, et qui, grâce à la tendresse de l'Impératrice-
Reine, survit intact à l'étreinte cruelle de sa perte
irréparable : ce bonheur s'attachera ainsi aux pas
de tous ceux, à qui la mort du Kronprinz a si inopinément ouvert le chemin du trône. Fidèles gardiens
de sa chère mémoire, imitant ses vertus, ils com-
prendront le grand enseignement de son existence
extraordinaire, si semblable au mythe de Phaéton,
fils du Soleil, précipité du char éblouissant de la
lumière et de la chaleur dans les eaux profondes de
l'Eridan silencieux...

IV

D'une stature un peu au-dessus de la moyenne,
d'une carnation colorée, l'archiduc Rodolphe avait
tout-à-fait les allures des plus brillants officiers de
son âge, — malgré ses insignes de général. La mo-
bilité de ses yeux bleu-gris, la vivacité de ses
mouvements décélèrent tout de suite la nervosité
de sa constitution, dont son organe, changeant de
timbre selon ses impressions, confirmait encore da-
vantage l'intensité.

Encadrée de ses cheveux et de sa barbe cha-
tain-clair, — il ne fit supprimer cette dernière que
depuis quelques mois, — sa figure fine racontait
hautement la distinction de sa race, mais rappe-
lant plutôt les Wittelsbach que les Hasbourgs.

La séduction de ses manières et de sa parole
tint ses interlocuteurs d'autant plus facilement sous
son charme, qu'il sut traiter les sujets de la conversation avec une originalité, qui en découvrait les

5

côtés les plus imprévus. Par contre il exigeait, que l'on ne se perdit pas dans des digressions inutiles, et comprenant à demi-mot, retarder ses conclusions était pour lui un véritable supplice. De là sa brusquerie involontaire, terreur des gens routiniers, qui, pour excuser leur prolixité, n'ont pas craint de lui attribuer de la rudesse.

A vrai dire, on aurait pu lui reprocher avec plus de raison ses remarques caustiques ; mais leurs pointes ne visaient que des travers pardonnables ; on pouvait donc les classer plutôt parmi les indices d'une bonne humeur exubérante, que les regarder comme des preuves de malice.

Au surplus on ne pourrait accuser de sécheresse de cœur un fils respectueux et un ami fidèle, et cependant le Kronprinz était l'un et l'autre.

« Le bonheur : de pouvoir penser à son père — en dehors de la piété prescrite par la nature, — avec un légitime orgueil, — disait-il, — est un des plus grands, qui ait été donné à l'homme. « Et il ne montra pas moins de déférence envers l'Impératrice-Reine, à qui il offrit, comme son dernier cadeau de Noël, trente lettres inédites, recueillies avec beaucoup de peine à Paris, de Henri Heine, son poète favori.

Devenu père à son tour, son affection pour la petite archiduchesse Elisabeth se fit jour dans ses caresses interminables, et le conduisit en rentrant au château ordinairement tout droit à la *nursery*, où il pouvait le plus sûrement rencontrer sa jeune femme aussi.

Au nombre de ses amis, il faut citer en premier lieu le prince de Galles, auquel il se sentait attiré à la fois par les liens de la sympathie et par son admiration pour les institutions libérales de l'Angleterre. On retrouve les noms des archiducs Othon et Fréderic, du comte Joseph Hoyos, frère de l'ambassadeur d'Autriche-Hongrie en France, et du comte Wilczek, constamment sur la liste de son entourage le plus intime. Quant au comte Samuel Teleki, le Kronprinz l'honora d'une estime particulière, qu'il sut manifester d'une façon significative en lui suggérant l'idée d'un voyage d'exploration au centre de l'Afrique, dont les péripéties l'intéressèrent beaucoup jusqu'à la fin, et furent par lui régulièrement publiées dans les bulletins de la Société géographique de Vienne.

Pour MM. de Weilen et Maurus Jokai, les directeurs de *La monarchie austro-hongroise en*

paroles et en peinture, l'archiduc Rodolphe éprou-
va bien vite le sentiment de cordialité, que le travail en commun inspire aux natures d'élite, et
qui se transforma chez lui bien plus vite encore
en amitié réelle. Toujours accessible à leurs con-
seils, apprenant à connaître la hauteur de leurs vues,
il ne tarda pas à les apprécier à leur juste valeur,
et devint leur collègue affectueux et dévoué. C'est
ainsi qu'il envoya tout dernièrement à M. de Weilen
une collection de gravures avec cette dédicace :

« En fidèle amitié et en reconnaissance *Rodolphe* »

C'est ainsi qu'il écrivit au célèbre romancier
hongrois après la mort de sa femme, — célèbre
actrice elle-même :

« Le 22 novembre 1886.

Cher Jokai,

« Je me sens poussé instinctivement à vous exprimer mes compliments de condoléance les plus sincères en ce jour de deuil où le sort vous a si cruelle-
ment frappé.

« Plaise à la providence, que vous trouviez consolation et réconfort dans le travail, dans la création
d'œuvres nouvelles, dans votre dévouement au bien

public, dans votre amour de la patrie, après ce malheur, le plus terrible, qui puisse atteindre un époux aimant son épouse !

« En réitérant ces compliments de condoléance les plus sincères au nom de ma femme et au mien, je signe.

Votre fidèle collaborateur,

RODOLPHE.

Mais se mettre ainsi de bonne grâce au niveau de ses futurs sujets, ne lui fit pas oublier complètement l'élévation de son rang. Quand en 1880 on lui annonça que le roi d'Espagne avait échappé à la balle d'un assassin, faisant allusion aux attentats commis contre l'empereur Guillaume, il dit :

« A la bonne heure ! au moins on ne nous traite plus en gibier de qualité inférieure, sur lequel il suffit de tirer avec du plomb ! »

Il disait aussi — dans un autre ordre d'idées — qu'il considérait la guerre dans toutes les conditions comme une calamité qu'il faut éviter autant que l'honneur le permet. Car on n'est pas au monde pour s'entretuer !

D'après cette énonciation le juger hostile à l'armée serait néanmoins une erreur grave. Il prétendait aucontraire que dans la monarchie austro-hongroise l'armée commune représente plus que les forces vives du pays. Elle forme avec la dynastie les deux branches de l'étau mystérieux, qui retient ensemble dans une cohésion intense, les nationalités les plus hétérogènes. Or comprendre l'importance d'une chose c'est l'estimer au moins, si ce n'est l'aimer. Et n'était-ce pas l'aimer, que de lui vouer journellement, avec une ponctualité imperturbable, plusieurs heures dans son cabinet militaire spécial, à la caserne de François-Joseph ?

Aussi nul n'était surpris parmi les généraux, venus pour présenter leurs hommages de condoléance à l'Empereur-Roi, en l'entendant s'exprimer ainsi :

« C'est le plus bel et le plus légitime espoir de l'armée, que le Kronprinz emporte avec lui dans sa tombe ! »

Avant de l'engloutir, elle s'est déjà plusieurs fois entr'ouverte sous ses pieds dans les nombreux accidents, auxquels il a été exposé pendant son existence si courte. Un coup de feu traversant sa main à Prague, sa voiture emportée et renversée au camp de Bruck, son bateau échoué sur les récifs de l'Adriatique, une chute de cheval l'automne dernier, le mirent tour-à-tour à deux doigts de la mort. On affirme même, que quant à cette chute, soigneusement tenue secrète, elle a dû avoir une influence directe sur les événements ultérieurs en raison de l'ébranlement qu'elle a provoqué au cerveau, et dont la première conséquence fut d'empêcher la justesse de son tir, presque infaillible auparavant.

Des réflexions tristes comme celle-ci,— dans une conversation sur l'avenir de la monarchie,— : « Vous verrez, que je n'y serai plus »;— ou cette autre à propos du décès d'un des collaborateurs de son livre : « A qui le tour maintenant ? » — feraient supposer, que la crise finale se préparait chez l'archiduc Rodolphe par l'envahissement gradué d'une mélancolie noire.

Adieu les beaux rêves concernant la mission de l'Autriche-Hongrie dans le commerce de l'Extrême-Orient ! Adieu les solutions ardemment poursuivies des problèmes sociaux ! Adieu le travail paisible auprès de son modeste bureau au-dessus de la Porte-des-Suisses du Hofbourg ! Adieu les repas cordiaux offerts à ses collaborateurs, les causeries fécondes, les lectures toujours renouvelées, les paysages familiers de la Wienerwald et de Gœdœlloe !

Des revirements notables dans le sens religieux firent croire un moment à une détente salutaire, que les paroles paternelles, tombées des lèvres du Pape, devaient faciliter encore.

Illusion décevante !

Être ou ne pas être — à peine cette question avait-elle pris naissance dans l'âme du Kronprinz, comme dans celle d'Hamlet, cet autre héritier de trône, qu'elle s'est déjà imposée mortelle, en exigeant une prompte réponse...

Foudroyante pour ses proches, désolante pour la monarchie austro-hongroise, elle n'en a pas moins un côté profondément humain, qui survivra seul aux déchirements de la première heure. Et si le nom de l'archiduc Rodolphe ne peut être gravé sur les tables d'airain de Clio à la suite d'un grand règne ou d'exploits merveilleux, il le sera certainement dans le cœur des races futures, et on le redira aux arbres des bois, comme dit le poète :

> Tant qu'on pourra cueillir muguet et primevère,
> Et que la fleur d'amour dans une âme éclora !

L'ÉCRIVAIN

I

Conforme au caractère complexe de son intelligence, le talent de l'archiduc Rodolphe était à la
fois scientifique et littéraire ; qualités qu'il employait
tour à tour avec mesure et opportunité, selon les exigences de son sujet. De là cette couleur vive et attrayante dans ses moindres notes ornithologiques ; de
là cette précision descriptive, à l'aide de laquelle ses
paysages se gravent si intensivement dans l'imagination du lecteur.

Et cette couleur et cette précision, il les obtenait
sans aucun apprêt.

Car pour lui, écrire c'était quitter l'atmosphère en-

gourdissante des cours, les régions glaciales de l'éti-
quette; c'était revenir à l'état du commun des mortels; c'était penser et sentir comme pense et sent
tout homme, ayant l'esprit ouvert et le cœur bien
placé. Loin d'être chaussé de cothurnes ou d'être vêtu
des dentelles de Buffon, le Kronprinz apparaît donc
au contraire dans ses livres en simple savant, doublé
d'un chasseur passionné, d'un amoureux de la nature.

C'est à l'une de ses trois incarnations, que ses impressions se rattachent toujours, et l'on ne saurait
deviner sa haute personnalité, sinon de l'accueil respectueux, empressé ou enthousiaste, qu'il reçoit partout. Encore il n'en parle que pour exprimer publi-
quement ses remerciments.

En temps ordinaire il n'est qu'un gai compagnon
de voyage, qui ne s'arroge pour lui aucune préroga-
tive; qu'à l'occasion les piqûres de cousins incom-
modent horriblement; qui ne craint pas de charger
sur ses épaules son précieux butin cynégétique ou
de se lever bien avant le soleil.

Se faisant jour également à travers son style, cette
modestie en constitue un des charmes. Limpides,
claires, ses phrases se succèdent comme celles d'une

causerie familière, entre égaux. Ni emphase, ni *imperatoria brevitas;* plutôt l'abondance du jeune homme, que tout intéresse, dont la constitution saine et fraîche ne peut pas assez vibrer au contact du monde extérieur. S'il en résulte quelques imperfections, elles ne choquent pas plus, qu'on n'est choqué par la gaucherie d'un adolescent, désireux de bien faire, et ne connaissant pas encore tous les artifices de son métier. Au bout de quelques années il les possèdera non pas pour en user, mais pour éviter complétement les fautes elles-mêmes, qu'ils sont appelés à faire disparaître.

Cette transparence du style mérite chez le Kronprinz d'autant plus des éloges répétés, qu'il écrivait ordinairement en allemand, et que le génie de cette langue ne s'y prête pas beaucoup.

Quant à sa manière de discuter certaines questions encore pendantes de l'ornothologie, elle le place parmi les premiers zoologistes actuels. C'est dans ce sens-là que M. Meyer directeur du Muséum d'histoire naturelle de Dresde, s'est exprimé sur son compte en parlant d'un de ses travaux.

« Cet article — dit-il — est un des meilleurs, qui ait été écrit jusqu'ici sur le *Tétrao medius,* car il est clair et spirituellement conçu, et se base exclusivement sur des observations, que la proche parenté de deux espèces rend très-difficile. On peut se convaincre aussi, que le Kronprinz comprend toute la portée et l'importance de la question : s'il s'agit d'un bâtard, c'est-à-dire de la formation éventuelle d'une nouvelle espèce ? »

Chose curieuse ; à mesure que l'on s'approche du dénouement tragique, les écrits deviennent non seulement plus rares, mais le dernier, destiné à *La monarchie austro-hongroise en paroles et en peinture,* se rapportant au château de Goedoelloe, ne peut plus s'achever, et force M. de Weilen à insister auprès de l'archiduc Rodolphe, qui, pour s'excuser, objecte l'insuffisance de ses renseignements !

Pour compléter ceux, qui se rapportent à son activité littéraire, il n'est pas superflu d'ajouter, que plusieurs ouvrages ornithologiques furent publiés sous son patronage, et que l'éditeur viennois, M. S. Künast obtint de lui la promesse, au commencement de l'année présente encore, d'accepter la dédicace d'un livre de luxe sur les chasseurs de la monarchie.

C'est chez le même éditeur que parurent en 1886

les « *Chasses et observations* » — Jagden und Beo-
bachtungen — contenant tout ce que le Kronprinz
a publié antérieurement tant en volumes séparés,
que dans les périodiques.

Avant d'y faire des emprunts et d'en soumettre le
résumé succinct au lecteur, il n'est pas inutile de savoir, que le recueil est précédé d'un avant-propos de
M. Künast. Car, selon l'archiduc Rodolphe, « expo-
ser les raisons déterminantes de la publication appartient à l'éditeur seul. »

II

Comme son titre l'indique *Quinze jours sur le Danube* — Fünfzehn Tage auf der Donau — (255 pages grand in-octavo) est un journal de voyage; du voyage d'un groupe d'ornithologistes et de chasseurs, entrepris à la suite de circonstances rapportées plus haut. (*)

Parti de Vienne le soir en chemin de fer, le Kronprinz ne s'est embarqué qu'à Budapest le lendemain matin. Le bateau, que la compagnie de Navigation à vapeur sur le Danube mit à sa disposition, portait son nom et était le meilleur marcheur de toute sa flotte.

« L'aménagement intérieur ne laissait rien à désirer non plus. Une salle à manger spacieuse, un fumoir, employé plus tard comme dépôt de nos oiseaux préparés, ainsi que tout le pont de l'arrière formaient

(*) Voir page 23.

notre casino. Sur le devant se trouvait le laboratoire de Hodek et de son fils.

« Après notre installation complète, ayant fait transporter nos bagages de la gare et ayant envoyé plusieurs dépêches, le vapeur se mit en mouvement. Tout le monde se trouvait sur le pont ; car le moment était solennel : celui du commencement de l'expédition. Un milan noir, se berçant d'un vol paresseux au-dessus du Pont-suspendu, servait de présage favorable aux yeux des ornithologues. C'était le premier oiseau qu'ils purent enregistrer dans leurs journaux respectifs sous la rubrique : vu. »

Suit la nomenclature des personnes formant l'équipage.

« Finalement pour compléter la liste des passagers je dois encore faire mention de trois individualités, continue le Kronprinz, qui m'ont déjà rendu beaucoup de service pendant mes chasses nombreuses. »

« La première est Blak, mon chien d'arrêt noir luisant. A vrai dire il ne mérite nullement son qualificatif ; car il ne fait lever presque jamais ni lièvres, ni faisans. Mais par contre il rapporte dans la perfection, et il poursuit et attrape tout gibier touché depuis le cerf jusqu'au lapin. Intelligent, fidèle, habitué au commerce des hommes, dans les limites de sa jugeotte de chien, il a l'air extrêmement civilisé et *select*. A cause de son attention soutenue à l'égard du monde des oiseaux, à cause de sa participation constante aux études ornithologiques, Brehm n'appelait mon vieux Black jamais autrement, que *le chien ornithologique*, titre, qu'il a gardé pendant tout le voyage. »

« Comme second parmi les compères doit figurer Castor, mon *setter* rouge, un brave chien plongeur, dont on ne peut pas dire grand'chose. Il préfère le sommeil et une bonne pâtée aux grands efforts de la vie cynégétique.

« Le troisième des trois est une bête domestique très curieuse : c'est mon hibou complètement apprivoisé, un héros dans son genre. J'ai déjà tué au-dessus de sa tête plus d'un aigle royal, auxquels il résistait toujours courageusement. »

« Mon hibou était du reste une des gloires du bateau, ayant la qualité précieuse d'avaler les cadavres des oiseaux empaillés. La tranquilité, le changement d'air lui firent beaucoup de bien, mais il en est resté là, car on n'a jamais pu l'utiliser pour la chasse. »

Cette deuxième journée est presque entièrement

consacrée au voyage. L'archiduc Rodolphe ne fait qu'un arrêt de quelques heures sur l'île d'Adony, chez le comte Jean Zichy pour y étudier les hérons cendrés, qui y vivent en véritables colonies. En attendant il surveille les oiseaux du Danube sans relâche.

« Au commencement nous ne voyions pas beaucoup d'oiseaux. Nous ne rencontrâmes des hérons et des cormorans qu'arrivé à des rives boisées. Ils partaient de leurs nids pour leur pêche du matin. On apercevait des pies voltigeant autour des arbres, des choucas et des corneilles, passant au dessus du bateau ; on vit même à gauche, sur un arbre desséché, une corneille bleue étalant son magnifique plumage dans les rayons du soleil. »

Arrivé à Adony, on met les canots à l'eau, et les excursionistes abordent en cette île à tout hasard.

« A quelques pas du rivage se trouvait un vieux chêne, ayant sur sa branche la plus élevée une aire de héron cendré. Je glissai jusqu'au tronc, et l'ayant frappé doucement, j'en fis partir l'habitant un fort héron, qu'un coup de feu tua net. Sur ce premier, signal toute la forêt devint vivante : les hérons cen-

6

drés se sauvèrent en masse, et effarés, en croassant ils entourèrent les cîmes des arbres. Il y avait dans leurs rangs quelques *nycticorax* aussi ; ceux-ci voltigèrent d'abord, à l'instar des chouettes, entre les branches, et ne s'élevèrent plus haut que lentement, pour planer enfin avec des rares coups d'ailes presque sans bouger, se détachant en blanc clair sur le fond bleu foncé du firmament. »

« Comme ils sont beaucoup plus peureux que les hérons cendrés, les attendre simplement n'aurait pas suffi. Il fallut donc que je renvoie Hodek et mon chasseur. C'est alors seulement que l'un d'eux se décida à descendre sur l'arbre le plus proche, en repliant lentement ses ailes. Le premier coup de feu ne fit que le blesser ; c'est au second qu'il tomba dans un peuplier blanc touffu, le long duquel il s'abattit doucement.

« C'était un très beau sujet : un vieux mâle, blanc à la gorge, à la poitrine et au ventre ; gris argent sur le dos, ayant des plumes splendides sur sa tête noire. Son bec et ses serres étaient d'un rouge remarquable, qui dénote, d'après Hodek, un âge avancé. Quelques heures après sa mort cette couleur se mit à dis-

paraître, et maintenant on n'en découvre plus que
les vestiges »

... « En longeant le bras du Danube, nous avons
eu un tableau admirable devant les yeux. D'un côté,
entourée d'un taillis paraissant impénétrable, la haute
forêt riveraine, — vert onctueux —, de la colonie des
hérons ; avec leurs poitrines blanches éclairées par le
soleil, ceux-ci tourbillonnaient tout en haut au-dessus
d'elle, comme autant d'étoiles, ou louvoyaient d'un vol
fatigué autour des branches, et abaissaient leurs
longs cous, vers le sol, d'un air scrutateur. Sous l'effort de coups de vent puissants, avant-coureurs de
l'orage, les arbres, aux feuilles retournées, scintil-
laient, comme si elles étaient en argent ; les prairies
éblouissaient de leur première verdure ; les roseaux
du Danube s'inclinaient en gémissant dans le vent,
et la surface de l'eau, brisée par mille petites lames,
semblait trembler. Sur l'autre rive de l'eau, c'était
un terrain plat, en partie éclairé par le soleil, en partie couvert de l'ombre de quelques nuages passagers.
En face : des ormes desséchés et un bois touffu ; un
bras du Danube couvert de roseaux frais et verdoyants ; à gauche de nous : le bord de l'île et le
Danube ; au loin des forêts verts gris. Un ciel bleu

foncé, tacheté de nuages blancs, resplendissait à l'Est dans l'éclairage le plus chaud du soleil de midi. Au Sud-Ouest il se formait au contraire un mur de nuages noirs, duquel le vent paraissait détacher des ballons de plus ou moins de grandeur, qu'il roulait au devant de nous ! »

Après avoir attaqué une colonie de cormorans le Kronprinz en blessa un sérieusement.

« J'allais à sa recherche sans tarder, mais tous mes efforts restèrent infructueux. Le terrain était entièrement couvert d'orties et de grandes herbes ; d'ailleurs des ornières remplies d'eau, que j'aurais dû passer, m'en empêchèrent également.

« Grâce à ce cormoran blessé, je m'avançai cependant un bout de chemin assez considérable dans le taillis. J'étais attiré d'ailleurs vers le plus épais du fourré par un coucou aussi qui, au paroxysme de l'amour, voltigeait éperdu d'un arbre à l'autre. Le gai compagnon valait vraiment la peine d'être observé, comique qu'il était en criant sa chanson à tue-tête dans tous les tons, et en donnant mille postures impossibles à son corps. J'aurais pu l'abattre facilement, mais déjà mon attention se trouvait attirée par un faucon. D'abord je crus qu'ils'agissait d'un hobereau ; mais après l'avoir vu à découvert sur une branche morte, je pus le ranger parmi les crécerelles. Mon coup de feu l'abattit, mais le ramasser devint de nouveau impossible à cause de l'épaisseur de la broussaille.

« J'arrivai alors subitement à une clairière. C'est là que finissait le fourré, et j'avais devant moi un groupe d'arbres de haute futaie, en grande partie des ormes. A travers le feuillage des branches inférieures et des buissons j'ai pu apercevoir de la lumière, et il me semblait que j'étais sur la limite extrême sud de l'île.

« Sur les arbres les plus élevés on voyait des aires de héron cendré, dont les propriétaires tournoyaient tout autour avec des cris perçants ; car un balbusard superbe, au vol majestueux, en train de traverser la forêt à la hauteur des aires, répandait l'effroi parmi les parents surpris.

« Je n'avais jamais vu le balbusard auparavant. J'étais étonné de le rencontrer déjà ici, ne m'attendant à le voir que beaucoup plus au sud.

« Quiconque connaît l'aigle royal, le type de tous les aigles de race, ne confondra jamais un de ceux-ci avec un autre oiseau de proie.

« Quand le balbusard, d'un vol imitant la nage, sans mouvoir les ailes, devant moi eût passé — lentement si l'on ne juge qu'à la vue, mais en réalité avec la rapidité d'une flèche, — j'éprouvais un sentiment absolument élevé, comme à la rencontre d'un vieil ami on en éprouve. Depuis le mois de décembre de l'hiver précédent, où j'avais tué mon dernier aigle royal, je n'en ai plus vu aucun en pleine liberté. Je ne fis de pélerinage qu'aux jardins zoologiques de Londres, de Dublin et de Berlin pour voir ces nobles animaux, et pour puiser des forces nouvelles en revivant en pensée mes souvenirs de chasse, au milieu de ces grandes fourmilières d'hommes.

« Le lecteur patient ne doit pas m'en vouloir pour ces élucubrations poétiques. En parlant de chasse à l'aigle il sera toujours exposé à de pareils malheurs. Comme j'eusse été heureux d'ignorer tout notre plan de campagne et d'attendre sous les aires des hérons, si le balbusard allait revenir ? Mais un coup d'œil jeté sur ma montre me fit retourner près de mes compagnons ! »

On remonta sur le vapeur, où Brehm ne permit aucune sieste.

« Homeyer et moi nous le suivions sur le devant

du bateau. Tout le gibier tué fut mesuré et proto-
colé, ainsi que leur couleur. Ensuite il fallut remplir les journaux et échanger les notes. On transmit
finalement le butin à Hodek et à son fils pour en
faire des préparations.

En raison de cet arrêt à Adony, l'étape fixée ne
fut pas atteinte ce jour-là. Au lieu d'aller jusqu'à
Apatin, on jeta l'ancre un peu au-dessous de Mohacs
« endroit, dont les Hongrois contemplent avec tris-
tesse les marais, où tant de braves Magyares ont
trouvé une mort héroïque, leur roi en tête » (*)

... « On put marcher jusqu'à huit heures , faisant encore assez clair.

... « La lumière vespérale enveloppait d'une manière féérique tout le paysage, et le soleil se coucha à
la hongroise, tout autrement que dans les pays occidentaux. Celui, qui n'a jamais vu un soleil couchant
en Hongrie, ne peut s'en faire aucune idée. Le rouge
clair, formant un demi-cercle, dont l'Ouest resplendissait ; les cimes des coteaux et des arbres, dorées
par le soleil couchant ; le Danube, dans les lames fré-
missantes duquel l'Ouest se refléta couleur de sang :

(*) Louis II le 29 août 1526 contre le sultan Soliman.

la nuit gris noir à l'Est trouée par quelques grosses étoiles et séparée du soleil couchant par des traînées de lumière jaune orange ; les forêts riveraines et les marais, qui, entourés de vapeurs bleuâtres et d'un brouillard léger, se fondaient dans des contours fantastiques devant nos yeux : tout ceci ensemble formait un tableau merveilleux, d'une magie orientale, qu'accompagnait le silence profond d'une belle soirée, et qu'un amateur véritable de la Nature ne pourra jamais oublier ! »

Arrivé le troisième jour dès le matin à Apatin, le Kronprinz y est reçu avec enthousiasme, et s'aperçoit pour la première fois, qu'il est dans une région déjà plus méridionale.

Là, l'expédition s'accrut de plusieurs pilotes, de « Vienna », le petit voilier de Hodek, ainsi que de plusieurs nacelles—Csikeln que l'on accrocha le long du bastingage. Car il s'agissait de pénétrer dans un labyrinthe de canaux permanents ou temporaires, que l'inondation perce au printemps sur le terrain forcément abandonné à ses ravages.

Pour commencer, le vapeur remonte à l'entrée d'un bras du Danube, où l'on aborde au centre même des domaines de l'archiduc Albrecht, le vainqueur de

Custozza, dont les gardes étaient depuis longtemps prévenus de l'arrivée du Kronprinz.

Après avoir reparti le personnel et les emplacements entre ses compagnons, il ne retint près de lui que Hodek aîné, son chasseur et Ferencz le pilote, dont les connaissances cynégétiques étaient généralement appréciées, — pour partir de son côté.

« Je serais très heureux, si ma plume avait la faculté de pouvoir donner au moins une idée approximative des tableaux enchanteurs, qui, inoubliables, se gravèrent alors si profondément dans ma mémoire. Le paysage était plus intéressant encore que le précédent à cause du riche coloris de la végétation. Des surfaces d'eau unies s'alternaient là avec des forêts des roseaux ; avec des buissons épais que l'on n'apercevait qu'à moitié ; avec les touffes de hauts peupliers, de chênes et de saules. Il n'y avait que les parties les plus élevées des troncs d'arbre renversés, que l'on voyait s'émerger de l'eau ; et quelques chênes desséchés, des poiriers ou des pommiers sauvages se tenaient, seuls debout au milieu de la forêt de roseaux sonores. Une brise douce caressait les flots et la verdure, dont resplendissait cette végétation luxuriante.

« Devant notre canot on vit s'élever des plongeons, des canards et des foulques. Ces dernières sont les oiseaux caractéristiques de toutes ces forêts riveraines. Leurs piailleries ininterrompues se mêlent dans un bruit assourdissant au coassement des grenouilles innombrables.

« Après un trajet d'une demi-heure, nous trouvâmes peu à peu un terrain plus sec.

« On rencontra quelques parcelles de bois non-inondées ; sur une d'elles je vis déjà de loin, dans un peuplier haut, mais maigre et dépourvu de branches, ma première aire d'aigle marin. C'était une construction considérable et forte, paraissant énorme à quiconque n'aurait jamais vu auparavant une aire d'aigle.

« Je montais avec précaution dans la nacelle dirigée par Ferencz, et je m'approchais avec Hodek de l'arbre-aire. Le canot resta caché dans le roseau.

« Nous avions à passer un endroit à découvert ; après cela venait un bout de chemin rempli de roseaux et finalement l'étroite langue de terre, où se trouvait l'aire.

« Mues par des coups de rames imperceptibles, les nacelles glissèrent doucement à travers les roseaux. Je tenais mon fusil prêt pour tirer ; car Ferencz m'avait

prévenu tout bas, que l'aigle était dans l'aire. J'o-
sais à peine respirer et regarder l'arbre en question,
tellement la fièvre de la chasse s'était emparée de
moi.

« C'est un moment énervant pour le chasseur
de s'approcher la première fois d'une construction
pareille ; le château fort d'un aigle puissant.

Ferencz dirigea la nacelle avec une habileté rare,
sous l'arbre même, à un endroit, d'où l'on pouvait tirer
dans de bonnes conditions. Il s'arrêta et me pria de me
tenir prêt. Il devait faire partir l'aigle en frappant
des mains ; mais, Dieu merci, rien ne bougea,
car l'aigle n'était pas chez lui. Ferencz avait pris la
tête d'un aiglon déjà assez fort pour celle de l'aigle.

« J'étais très-content de l'absence de l'aigle
marin. Car tirer d'une nacelle est toujours chose
hasardée. J'avoue également, qu'à force d'émotion,
mes yeux voyaient trouble.

« Il s'agissait maintenant d'aborder en hâte, et
d'attendre l'aigle près de sa maison. La profondeur
de l'eau nous permit de nous approcher le plus
possible de la terre ferme, et de ne patauger dans la
vase qu'à une distance minime.

« Les hommes reçurent alors de Hodek l'ordre de se

cacher avec les nacelles en différents endroits, pour
pouvoir poursuivre l'aigle blessé, s'il y avait lieu. Les
bateaux, étant doucement disparus, Hodek et moi,
nous nous cachâmes également.

« L'arbre de l'aire se trouvait sur un terrain sec
plus long que large ; on pouvait aisément constater
que le sol, quoique encore humide par suite de l'i-
nondation, était ordinairement à l'abri des flots. Des
chênes majestueux, au feuillage épais et ayant au
sommet des branches desséchées, ainsi que les peupliers blancs énormes ornaient le lieu. Quant aux
peupliers je n'en voyais qu'un seul, celui où se trouvait l'aire. Sa forme grotesque le faisait remarquer
entre tous les arbres.

« Autour de leurs troncs grimpaient la vigne-
vierge et le houblon sauvage, tandis qu'une brous·
saille inextricable, entremêlée de plantes aqua-
tiques envahissait le sol.

« Dans la direction, d'où nous venions, c'était le
terrain de l'inondation qui s'offrait à nos yeux, avec
ses touffes de roseaux, ses buissons et ses parcelles
de forêt, avec ses eaux à découvert, et avec le sauvage fouillis de ce pays curieux Sur le côté opposé
on ne vit qu'un chenal étroit rempli de roseaux,

derrière lequel s'étendait, autant que j'ai pu m'en assurer, sur la terre ferme une forêt de haute futaie.

« Non loin de l'aire gisait un tronc de chêne, ayant plusieurs centaines d'années. Nous le choisîmes pour nous abriter derrière; et quelques branches feuillues, placées au-dessus de nos têtes, devaient nous cacher complétement. Cette position était très défavorable pour le tir, car les branches étendues des arbres formaient tout autour une véritable tente verte. Indiquer la durée du temps, pendant lequel je restais là, immobile, me serait impossible; il passa vite au milieu des enchantements de l'endroit.

« Des pigeonnes à collier voltigeaient sur les chênes, en roucoulant paisiblement leurs chansons. Torturés par l'amour, des pigeons s'élevaient dans l'air bleu pour se laisser tomber en bourdonnant sur la cîme de la forêt opposée, et la joyeuse armée des chanteurs entonnait ses airs les plus mélodieux. »

« Les cris enroués de l'aiglon devinrent tout à coup plus pressants; ils indiquaient l'approche de l'heure, où le jeune seigneur gâté reçoit d'habitude sa nourriture, et son avis n'était pas erroné ».

« Hodek, s'étant retourné, me dit tout bas: « Il vient » Je n'entendai au-dessus de nous qu'un bruissement, je ne vis que glisser une ombre sur le sol. Aussi était-ce déjà trop tard, pour viser. J'étais frappé de la manière, dont l'aigle ayant fermé ses ailes, s'était glissé dans l'aire. Je n'aurais jamais soupçonné tant d'agilité et de promptitude chez ce grand oiseau, et je croyais que l'affaire irait plus facilement, qu'elle n'allait.

« Au bout de quelques instants nous entendions déjà des broiements et des craquements, mêlés aux appels de l'aiglon. Mais nous ne pouvions pas nous rendre compte, si c'était des os ou des arrêtes de poissons ? à cause de l'apparition si surprenante de l'aigle.

« Je sortis alors de ma cachette sans bruit, en rampant, le fusil armé, et me mis à une place, relativement la meilleure pour le tir. Hodek se glissa avec précaution de l'autre côté de l'arbre, et en frappa le tronc avec son couteau à ébrancher.

« A peine en avait-il touché l'écorce, que déjà j'entendis le bruit de l'aigle s'élançant. Une branche feuillue m'empêcha de voir l'oiseau dans son essor ; je ne l'aperçus qu'étant déjà à quelques mètres de distance de son aire. Touché par mon premier coup de fusil, il tomba à la moitié de la hauteur de l'arbre ; achevé par le second, il fit choir sa tête et ses serres, et s'abattit derrière nous dans la direction d'une parcelle de forêt. Soustrait à nos yeux par les branches, nous entendîmes nettement la chute de son corps pesant dans l'eau. »

Deux heures durant attendait encore à cette place le Kronprinz, espérant le retour de la mère, mais elle ne vint pas, et midi étant passé, il se décida à suivre ailleurs ses guides, bien informés de la situation de toutes les aires de la contrée.

« Après avoir porté l'aigle tué dans mon canot, on quitta l'endroit et nous nous enfonçames dans des touffes de roseaux. On fit le tour d'une forêt, qui s'étendait derrière nous; on traversa une clairière, on s'arrêta devant une parcelle de bois assez considérable.

« Ferencz me prévint tout bas, que l'on était à proximité de l'installation d'un second couple d'aigles marins. Je m'approchais du bois ayant mon fusil tout prêt, mais l'aire ne se trouvait pas à la lisière même. Un groupe de peupliers énormes et plus hauts, que ceux de tout à l'heure, ornaient ici également-

ment la place. Nous aperçumes effrayés, qu'elle
était entièrement sous l'eau. Je m'avançai dans la
nacelle jusque sous l'aire, beaucoup moindre que la
première, — nichée, presque complètement couverte
de branches, dans la partie la plus élevée du peuplier.

« L'aigle était absent, et pendant que nous nous
demandions, comment se cacher dans des conditions
aussi défavorables ? un couple d'aigles tournoyait
déjà au-dessus des cîmes des arbres, tourmenté par
notre présence. A ce moment tout semblait perdu,
car les aigles s'étaient élevés jusqu'aux plus hautes
régions dans des cercles grandissants, et en épiant
avec anxiété tous nos mouvements. Heureusement
nous aperçumes alors un vieux chêne renversé dans
l'eau, dont quelques parties dépassaient seules le
niveau des flots. Je pris la détermination de m'en
approcher le plus près possible avec la nacelle. Arrivé, je grimpai incontinent ayant mon fusil sur le
dos, sur la partie sèche du chêne. Le siège était loin
d'être commode, et il fallait, que je fasse des efforts
considérables pour me maintenir sur sa surface in-
clinée. Et comme cet arbre servait en même temps
de refuge contre l'inondation aux fourmis et à des
insectes de toute sorte, ceux-ci ne tardèrent pas à

exprimer leur mécontentement d'une façon sensible
au sujet de ma visite inopportune.

« Hodek s'était à peine éloigné avec les nacelles,
et déjà les aigles s'apprêtaient à descendre vers l'aire.
Mais mon réduit étant trop visible, leurs cris de détresse retentirent de nouveau, et de nouveau ils s'é-
lancèrent dans les plus hautes régions. Sur ce, je fis
revenir les nacelles, je montai dans l'une d'elles, et je
me mis à la recherche d'un autre emplacement.
A peu près à cent mètres de l'aire, c'est-à-dire au-
delà de la portée d'une charge de plomb, au pied d'un
arbre, nous découvrîmes un petit endroit sec, juste
assez grand pour servir de cachette à deux hommes
ramassés l'un sur l'autre. C'est là que Hodek et moi,
nous nous asseyames et nous couvrimes de feuil-
lages, Ferencz s'en alla avec les nacelles pour se cacher plus loin. Notre île était sur la lisière du bois,
de sorte que d'un côté nous avions la vue sur la surface libre de l'eau ; derrière elle encore à la distance
de cent mètres, on voyait un groupe d'arbres déssé-
chés.

... « Alors commença un intermède très intéressant
pour l'observateur, mais très pénible pour le disciple
de St Hubert. Nous suivions des yeux à travers les

7

branches les évolutions des aigles devenus extrêmement soupçonneux, et leurs cris de détresse perçants arrivaient sans interruption à nos oreilles.

« Les deux oiseaux circulèrent majestueusement
au-dessus de nos têtes : ou en se balançant avec non-
chalance dans les airs, ou en traversant la parcelle de
bois d'un bout à l'autre, avec rapidité. Souvent ils
s'approchaient tellement près de nous, en se laissant
choir, que je pouvais parfaitement voir briller dans
le soleil leurs serres jaunes, ou pencher leurs têtes
puissantes au bec formidable ; souvent ils montaient
tellement haut, qu'à peine visibles, ils se collaient
contre le firmament, et leurs cris néfastes se faisaient
entendre néanmoins.

« Malgré que les aiglons affamés aient appelé
leurs parents, ceux-ci ne revinrent au logis qu'au
bout d'une heure.

« A la fin ils cessèrent l'expression sonore de leur
méfiance, et ils disparurent de mes yeux, en s'abaissant vers d'autres parties du bois. Ils furent tran-
quillisés apparemment, et partirent pour la chasse,
leur occupation ordinaire. Nos espérances déjà presque disparues reprirent alors. Il se passa encore un
quart d'heure dans le silence le plus absolu. Tout à

coup j'entendis le cri perçant des aigles marins tantôt
ici, tantôt là, mais en somme dans mon voisinage.
Bientôt je les vis passer dans les branches comme
des ombres.

« Enfin je pus apercevoir le coup pesant des serres
et le bruissement des ailes repliées aussi, comme on
l'entend chaque fois qu'un aigle aborde un arbre.
Cependant le son ne venait pas de l'aire mais précisément du côté opposé. Je me retourne avec précaution, et je vois un grand aigle marin, assis derrière
moi au-delà de l'eau, sur le haut d'un arbre desséché.

« Je saisis vivement ma carabine ; mais avant de
pouvoir me mettre en état de tirer, l'aigle se pencha
plusieurs fois, fit incliner sa tête en bas, étendit lentement ses ailes, et s'élança de la branche.

« Il vint justement dans notre direction, mais en
s'élevant un peu tout près du bois ; en secouant sa
tête, à l'instar des faucons, et en la tournant de tous
côtés au-dessus de l'aire. Il fit tout cela assurément
pour fouiller des yeux l'aire et ses alentours, et pour
voir, si tout se trouvait encore dans l'ancien état.
Subitement ses ailes se replient, et il se jette sur un
arbre dépourvu de feuillage, dans le voisinage de
l'air, éloigné de moi à la distance d'environ cent pas.

« L'aigle se tint là debout, en face de moi, plongeant ses regards tout autour. Moi, je levai tranquillement ma carabine ; le coup partit, et le frappant au milieu de la poitrine, une balle abattit l'aigle de l'arbre. Un bruit sourd dans l'eau fut la réponse à la détonation de l'arme.

« A peine pataugeai-je avec ma carabine déchargée jusqu'à ma proie agonisante, que déjà la mère arrivait volant très-bas au-dessous de ma tête. Comme il eût été facile de m'approprier ce second aigle, si j'avais eu mon second fusil en main ! »

En rejoignant ses compagnons, le Kronprinz les trouva en contemplation devant leur butin. Il était assez considérable, puisqu'on a pu rassembler dans le même tableau — y compris les siens — cinq aigles marins.

« Tous portaient la robe décolorée d'un grand âge ; les plumes brun-jaune clair, les serres et les becs jonquille ».

On passa la quatrième journée à peu près dans les mêmes parages. Il restait encore énormément de terrain à explorer. On repartit de nouveau en nacelles.

« Encore quelques coups de rames et nous atteignîmes les dernières limites des eaux libres.

« Nous appuyâmes à droite et nous enfonçâmes
dans une magnifique forêt de haute futaie. De toutes
les forêts riveraines que j'aie jamais vues, celle-ci était
incontestablement la plus belle et la plus intéressante. Elle était la perfection en fait d'originalité et
de déréglement de la nature. Comme arbre-type le
saule y règne ; mais les branches desséchées des
peupliers de toute espèce ne manquent pas non plus.
Par endroit le sol s'étend dénudé, tandis qu'ailleurs
il croit des buissons inextricables. Des vieux arbres,
écrasés par le poid des années , étranglés par la
jeune pousse, s'étendent en formes noueuses;
d'autres, noircis par la foudre, ressemblent à des
ruines. Des troncs renversés par les orages, couverts
par l'eau à moitié, enfoncés dans la vase, gîsent là
en grand nombre, et de leurs écorces partent, comme
d'un sol fertile, des générations nouvelles. Une
broussaille épaisse , de vrais arbres croissaient sur
les débris de leurs prédécesseurs. D'autres troncs
déracinés par l'eau, nagaient librement, et ils se formaient sur leurs larges flancs des îles florissantes
... « Nous nous approchâmes doucement d'une
clairière. Au milieu de celle-ci se trouvait un vieux
saule pourri. J'ai rarement vu un arbre aussi extra-

ordinaire. Son tronc ne s'élevait qu'à quatre mètres au-dessus du niveau de l'eau en ligne oblique, dépourvu de branches et de feuillage. Noirci par la foudre, fendu au milieu, ayant en haut une ouverture béante, ce saule servait de digne habitation au sombre hibou, roi de la race des chouettes. Je me glissai avec la nacelle jusqu'à l'arbre ; Hodek arriva avec la sienne également, et un coup frappé avec son couteau de chasse sur l'écorce, fit sauver le grand oiseau de nuit. Malheureusement je m'étais posté trop près de l'arbre ; la bête intelligente en sortit si bien abritée, que je ne pus l'apercevoir à son départ. Mes deux coups restèrent infructueux : quoique légèrement affaissée, perdant quelques plumes, elle disparut dans l'ombre de la forêt. »

Le Kronprinz ne fut pas heureux ce jour-là près des aigles non plus. Il en manqua plusieurs et n'en ramena qu'un seul. Aussi se décida-t-il à retourner chez le hibou. Très-sérieusement touché celui-ci n'était pas encore revenu. Pour ne pas revenir bredouille, on se rabattit sur la couvée.

« Ferencz, notre grimpeur émérite, muni de crochets, se haussa de la nacelle même sur le tronc de l'arbre-aire. Le saule était tellement large à sa partie supérieure, qu'il pouvait y marcher à l'aise. Arrivé à l'ouverture béante, c'est-à-dire à l'entrée de l'aire, — Ferencz y introduisit son bras avec précaution. Il en retira d'abord les cadavres frais de quatre foulques, que le hibou avait apportées apparemment dans la matinée pour la nourriture de ses petits. Leurs corps étaient encore intacts, mais les têtes manquaient déjà. Ensuite il fourra dans son sac les matériaux, dont l'aire est construite. C'était un amalgame de plumes d'oiseaux, de branches, d'os de bête capturées, d'insectes et de vermine. A la fin il ôta les quatres petits encore chétifs, vêtus seulement d'une couche de duvet. »

On consacra la cinquième journée à l'exploration cynégétique et ornithologique de la forêt de Keskend, appartenant également à l'archiduc Albrecht.

Le Kronprinz et ses compagnons partirent cette fois en voitures, mises à leur disposition par le régisseur. Le chemin, passablement primitif, les conduisit à travers une contrée assez attrayante, où ils rencontrèrent tantôt des touffes d'arbres, — l'une d'elle composée de chênes, fut particulièrement remarquée, — tantôt des ruisseaux, humbles affluents du Danube, que les hérons cendrés et pourprés, ainsi que les huards, ne trouvent pas indignes de leurs visites.

« On voyait dans les champs ensemencés des canepétières, et dans les allées d'acacias des coucous et des crécerelles, se sauvant d'arbre en arbre à l'approche de la voiture. Un hobereau, aux plumes richement colorées, eut même l'inpudence d'attraper un motteux dans notre voisinage immédiat, et de l'emporter sous nos yeux.

Quelques instants après nous arrivâmes à la lisière du bois, et notre chemin nous mena dans une allée d'une longueur littéralement interminable.

...« Je suis l'ennemi de toutes les lignes droites. Elles sont l'affirmation vivante du nivellement, que la main de l'homme accomplit partout. Ainsi une forêt resplendissante de verdure, si elle est coupée par les allées symétriques d'un forestier savant, n'a plus aucun charme pour moi. Ainsi une chasse conforme aux règles, où messieurs les tireurs se placent à l'entrée bien aménagée des percées, m'est absolument odieuse. Je comprends que de telles forêts et de telles chasses fassent beaucoup de plaisir au régisseur calculateur, mais à mon point de vue de modeste amateur de la nature, elles sont insupportables.

« C'est pourquoi il me coûtait beaucoup de m'associer aux louangeurs et aux admirateurs de la forêt de Keskend, la perle du domaine ; mes pensées étaient encore trop intensivement imprégnées des beautés sauvages entrevues à Apatin.

« Mais pourquoi s'abandonner à des considérations aussi inutiles ? *Hic Rhodus, hic salta* pensai-je et je m'abstins de montrer mon désappointement. Par contre mon étonnement fut grand, quand j'appris que cette forêt immense était cultivée de la même manière, et qu'elle servait cependant de domicile aux oiseaux les plus farouches, tels que huards, circaètes et à la cigogne forestière circonspecte. C'était la confirmation nouvelle d'un fait par moi depuis longtemps observé en Hongrie, que le gibier et même les oiseaux de proie s'approchent ici de l'homme sans nulle méfiance. Cet état paradisiaque rappelle déjà beaucoup l'Orient, et trouve son explication dans l'absence du sens cynégétique dans la nation hongroise.

…« Comme il ne nichait qu'un seul couple de circaètes dans toute la forêt, et comme Hodek exprima plusieurs fois l'opinion, que, pour compléter notre collection d'aigles danubiens, se procurer cet oiseau de proie nous coûterait le plus de peine, car

on ne le trouve nulle part dans le monde en abondance (*) : nous nous résolumes à ne pas tirer sur un
autre fauve avant que de tuer un circaète.

...« J'aperçus subitement sur la cime dénudée
d'un arbre sa silhouette lourdaude. L'oiseau de proie
aux plumes bien colorées, à la poitrine d'un blanc
éblouissant, au dos brun café, à la tête de busard,
au large bec, était précisément en train de nettoyer
son plumage. Il ne nous voyait pas, et il regardait
tout autour insouciant. Je me plaçai derrière un jeune chêne, et je pris le temps de profondément graver
dans ma mémoire la figure de cet animal si intéressant.

« Il fait d'abord sur l'observateur une impression
très-curieuse. Il a dans tout son être quelque chose
d'original, un trait, qui ne rappelle aucune espèce
d'aigles, mais plutôt les busards ou même les chouettes. Sa ressemblance avec ce groupe d'oiseaux de proie
n'est pas cependant assez caractéristique pour découvrir chez lui avec certitude des marques com-
munes. Le type nouveau et étrange du circaète provient aussi en partie de sa grandeur. Il est impossible

---

(*) Le Kronprinz en trouva cependant dans la vallée du
Jourdain (Palestine) des quantités surprenantes.

qu'il nous fasse penser aux grands aigles, tels que aigle royal, doré, impérial ou marin; d'un autre côté sa tournure s'écarte sensiblement de celle des huards, des busards, et des grands faucons. Il nous semble qu'il est beaucoup plus grand que ceux-ci, et forme une espèce intermédiaire complétement isolée en Europe, à cause de laquelle l'ornithologiste fera bien de s'adonner à des recherches approfondies.

...« Son aire, remarquablement petite en proportion de sa grandeur, se trouva à mi-hauteur dans un jeune chêne entouré de lierre.

« Au bout de peu d'intants j'aperçus ledit couple tournoyant dans l'air, poursuivi de quelques milans et d'autant de corneilles cendrées. Le beau plumage du circaète se détacha éblouissant du firmament et j'eus une occasion favorable pour observer son vol. Ce n'était pas assurément le vol tranquille semblable à la nage, qui caractérise les aigles; c'étaient plutôt les coups d'ailes précipités des busards, se répétant assez souvent pour ne plus laisser le circaète dans une position imméritée parmi les aigles, où les ornithologistes l'avaient placé jusqu'ici.

«Des corneilles audacieuses ne craignaient pas de s'approcher du couple d'une façon incivile. Aussi la

mère, préoccupée de sa couvée, se hâtait-elle de re-
plier ses ailes et de se laisser choir dans la direction
de la forêt avec la rapidité d'une flèche. Je n'ai jamais vu arriver auparavant un oiseau de proie à son
aire d'une manière aussi originale. Au lieu de se pla-
cer sur le bord supérieur, elle l'escalada les ailes dé-
ployées, pareil à un *cypselus* quelconque, et elle y
resta immobile pendant quelques instants.

« Il faut avouer à ma honte, qu'à ce moment-là
mon ardeur ornithologique me fit complétement dé-
faut, et qu'au lieu de surveiller le dénouement de l'ob-
servation, vaincu par ma passion cynégétique, je l'a-
battis d'un coup de fusil. C'était une femelle âgée,
mais d'un plumage extrêmement bien coloré. Une
tête large, comme celle des chouettes, des yeux jaune
clair, une poitrine blanche, un dos brun, des serres
gris bleu, hautes et enveloppées d'une peau, qui rappelle la peau du serpent, une queue large et suffisamment longue, sont les traits caractéristiques du
circaète. »

D'après l'avis du Kronprinz on ne devrait plus ranger cet oiseau de proie parmi les aigles. Il trouve absolument plus logique de l'ajouter au genre des busards, comme le Dr Brehm l'a ajouté.

« Chargé de mon beau butin, je retournais joyeux à la voiture pour faire une première visite aux cigognes noires dans la coupe voisine.

« Au milieu d'un taillis bas s'élevaient quelques magnifiques chênes d'un âge invraisemblable. On apercevait sur l'un d'eux le nid assez exigu d'une cigogne forestière.... Ce bel oiseau, à la mine on pourrait dire exotique, orne beaucoup la paisible solitude du bois, qu'elle complète absolument. On voit déjà de loin sa longue figure, sa poitrine blanc clair, le cou et le dos vert foncé, chatoyants, le bec et les jambes rose pourpre. Appuyée sur l'une d'elles, et retirant l'autre tout en haut, la femelle reste debout au logis, tandis que le mâle se tient sur quelque branche épaisse du voisinage.»

En ayant tué une, l'archiduc Rodolphe se remit à continuer son chemin. Il abat encore deux huards et deux chevreuils et arrive ainsi amplement pourvu de gibier au rendez-vous où l'attend un déjeuner en plein air.

« Il y avait une grande table à l'ombre dans le voisinage du pavillon de chasse. Tout autour étaient rangées nos voitures. Les chevaux paissaient en liberté, et nos hommes et cochers se reposaient sous

des touffes d'arbres dans les alentours. Tout ce tableau avait un caractère particulier; et si la table
richement couverte n'eût pas fait un contraste violent
au centre, on aurait pris notre installation facilement
pour un campement de Tsiganes. »

Le retour s'effectua en voiture.

« Il n'y avait pas d'habitations sur la terre ferme,
qui me paraisse aussi agréable après une journée de
fatigue qu'une gentille cabine de bateau » s'écrie avec
un naïf enthousiasme le jeune Kronprinz.

« Ayant diné, on fit les mesurages, on dressa le
procès-verbal de la journée, et l'on échangea les
notes en prenant le café et en fumant les cigares de
M. de Homeyer. A dix heures il régnait déjà un silence absolu sur le vapeur ! »

En partie consacrée à une dernière excursion dans
le beau domaine de l'archiduc Albrecht, en partie
absorbée par le trajet pour arriver jusqu'aux montagnes de la Fruska-Gora en Esclavonie, but principal
du voyage, — la sixième journée ne contient aucun
fait, qui mérite une mention spéciale, excepté la confé-
rence, que le Dr Brehm fit dans la soirée sur les forêts vierges de l'Afrique.

Le matin de la septième journée on jette l'ancre

devant Cserevitzé, village considérable situé sur la
rive droite du Danube, habité par des Serbes orthodoxes. L'archiduc Rodolphe y est reçu par le principal propriétaire de la contrée, le comte Rodolphe
Chotek, dont il sera l'hôte pendant quelques jours.

Comme c'était un dimanche, et pour les orthodoxes
précisément un dimanche de Pâques, on ne commença la chasse que dans l'après-midi, en se rendant
en voiture jusqu'à l'entrée de la forêt.

« Plus nous nous enfonçâmes, plus les sommets
des montagnes devinrent élevés et les côtes abruptes.
En passant devant une déclivité, couverte de long
en large d'un abattis d'arbres entremêlé de buissons
épais, j'aperçus tout à coup un oiseau de proie énorme, au plumage noirâtre, au vol majestueux. Il me
paraissait trop grand pour un aigle, et sa manière de
voler m'était inconnue aussi. J'appris alors du comte
Chotek, que c'était un vautour cendré, le premier
que je visse en liberté. Ses ailes gigantesques, son
long croupion finissant en pointe, de la forme
d'un piquant, — ses pennes ayant l'aspect d'une
main ouverte, son long cou replié dans une collerette
de plume son vol immobile dans l'éther bleu, sans
faire voir le moindre mouvement d'ailes, donnent à

cet oiseau, vu à distance, un caractère merveilleux, quoiqu'il soit de près pataud et repoussant. Peu d'instants après j'en vis un autre, puis encore un, et on vit ainsi, de n'importe quel côté on se tournait, ou un jeune aigle marin, passant d'un vol paresseux au-dessus des arbres, ou un aigle royal jouant avec un aigle impérial en haut des airs, ou des vautours cendrés sortant de la solitude des vallons boisés, pour se livrer à leur brigandage habituel.

« La première aire de vautour se trouvait dans la cîme d'un chêne énorme. Grâce à la pente abrupte on pouvait plonger dans cette construction gigantesque presque perpendiculairement à la distance d'une centaine de pas. L'intérieur diffère absolument de celui de l'aigle. De grosses et vieilles branches de chêne, de l'argile, de la terre boueuse en forment la surface extérieure. La couleur gris clair de l'argile la rend de loin visible à travers les branches.

...Arrivé sur une plaine découverte, où j'avais une vue superbe, j'aperçus émerger du lointain les silhouettes de sept vautours cendrés. Ils s'avançaient l'un après l'autre précisément dans notre direction, Tranquille, je me préparais à leur réception sans me cacher.

« Le premier vautour passa à la hauteur de soixante ou soixante-dix pieds au-dessus de ma tête ayant les ailes complètement immobiles. Je déchargeai mes deux coups et je fus convaincu de l'avoir frappé. Il perdit des plumes, mais les plombs rebondirent de nouveau sans effet. Effrayé, je crus déjà un instant, que mes patrons n'étaient chargés que de poudre ; car quelque chose de pareille, ne m'était encore jamais arrivé. Les six autres vautours ne se laissèrent pas intimider par les coups de fusil, et continuèrent en bon ordre leur chemin au-dessus de ma tête.

...« Nous nous approchâmes alors de l'aire. Comme sa construction n'était pas aussi solide que celle de la première, je pensai, qu'elle appartenait au noble aigle royal. La figure pataude du vautour cendré ne se fit voir qu'à la suite des coups répétés sur le tronc de l'arbre ; j'avais heureusement une bonne place, je pus donc lui envoyer sûrement ma première charge — patron o o — en pleine poitrine. Le vautour fortement touché s'abattit parmi les branches ; la seconde charge lui cassa une aile.

« Je m'imaginais, que c'était assez pour cet animal. Mais non. Il s'accrocha à une branche, et debout, avec son aile cassée et pendante, plein de blessures sur la tête et sur le cou dénudés, le bec déchiré, couvert de sang, il avait un aspect imposant. Ce fut seulement le troisième coup, qui le jeta à terre, et pour l'achever, il fallut encore une branche de chêne énorme.

« Je m'approchai de ma proie content et orgueilleux : j'avais enfin réussi à tuer un vautour cendré ! Mais mon enthousiasme se calma en arrivant près du cadavre. Une épouvantable odeur de charogne en sortit et me fit reculer de plusieurs pas en arrière ! »

Ne voulant pas indûment multiplier les emprunts faits au livre, malgré son intérêt croissant, et croyant, que les échantillons de style ci-dessus suffisent pour donner une idée juste du talent de l'archiduc Rodolphe : il est d'autant plus aisé de passer à l'analyse du second ouvrage contenu dans le volume : de *Chasses et observations* et intitulé « Un voyage en Orient » qu'il se recommande par des qualités nouvelles. Tandis que dans ses « Quinze jours sur le Danube » l'exiguité du champ de ses exploits, la briéveté du temps écoulé permettent, ou imposent même, de s'occuper de tous les détails les plus minimes ; étant obligé de raconter un voyage au long cours, d'une durée considérable — de plus de deux mois et demi — dans un cadre moins grand, — l'ouvrage n'a que 187 pages, avec les notes ornithologiques 227 — le Kronprinz y devient concis, sobre, plus historiographe que conteur.

Il ne faudrait pas croire cependant, que cette métamorphose soit préjudiciable au récit. Grâce à la variété des tableaux présentés, des impressions éprouvées, l'intérêt ne languit pas un seul instant, et si l'on aperçoit toutefois qu'ici l'adolescent d'il y a trois ans parle déjà avec la réserve d'un homme mûr, ses réflexions sont par contre plus mâles aussi. Et cette compensation est d'autant plus acceptable, qu'une fois en face de la Nature sans épithète, — de celle par exemple dans laquelle au lac de Birket-el-Karun ou le long du Jourdain les vestiges historiques, artistiques ou religieux sont moins envahissants, et qu'il peut observer en simple chasseur ornithologue : l'archiduc Rodolphe retrouve sa plume de paysagiste sincère d'autrefois, dont il eût été déplacé de se servir devant les ruines vénérables de l'Egypte des Pharaons, ou à propos des souvenirs sacrés de Jérusalem et de Béthléem.

Mais cette plus forte maturité de ses pensées ne provient pas seulement de l'accroissement du nombre de ses années et de la vue des saints lieux ou des Pyramides, de l'île de Phylae : elle est surtout le résultat d'un retour sur lui même, d'une appréciation plus juste de sa qualité d'héritier du trône. En présence des égards qu'on lui montre, aussi bien en Abyssinie que sur les confins du désert en Syrie, il se pénètre insensiblement de l'importance de sa situation sociale et politique. Si au pavillon de chasse de Cserevicsé il a trouvé jadis presque désirable l'attaque d'une bande de brigands, ou au marais de Hullo très-plaisant le danger, que courait sa nacelle au milieu des roseaux : ayant été atteint de la fièvre à Baisan, au lieu de se rendre au lac de Génésareth, et pour les fêtes de Pâques à Nazareth, cette fois-ci il interrompt son itinéraire immédiatement, et se dirige sans tarder vers le littoral.

Il est à remarquer en outre que la chasse emporte tellement sur l'ornithologie dans « Un voyage en Orient » que l'archiduc Rodolphe tourmenté par les remords, se croit obligé d'y ajouter un appendice : « Esquisses de voyages ornithologiques en Orient. » Il y décrit 120 espèces d'oiseaux, déterminées après minutieuses observations et mesurages exacts. Les notices, dont il accompagne chacune d'elles, sont des modèles au point de vue de leur clarté et précision, et intéressent le lecteur le moins ornithologiste.

Du reste l'infidélité passagère, que le Kronprinz commit pendant son excursion sur le Nil et en Palestine à l'égard de sa science favorite, paraîtra pardonnable, si l'on considère, qu'il s'agissait là de chasses tout à fait extraordinaires. On forçait des ichneumons ; on était à l'affût pour tuer des chacals, ou des hyènes ; on poursuivait à cheval des gazelles ; on saccageait la tanière d'un lézard Waran !

La somme totale des bêtes abattues ne dépasse pas 1020 pièces ; seulement elle se repartit sur 143 espèces, dont quinze appartiennent aux mammifères, trois aux reptiles, et le reste aux oiseaux.

Le butin rapporté du Sud de la Hongrie consistait en 145 oiseaux seulement ; mais en revanche il représentait 41 espèces.

Des « Rapports de chasse de Hongrie » et des « Chasses à l'ours en Transylvanie complétent la première partie du volume. Ceux là ramènent le lecteur sur le Danube en 1880 et le font assister de nouveau au spectacle grandiose d'une chasse au vautour cendré ; celles-ci racontent les péripéties d'une excursion cynégétique dans l'automne de 1882, dont l'issue peu satisfaisante n'a pas empêché l'archiduc Rodolphe d'en rendre compte avec l'exactitude la plus [conscienciuse.(*)

(*) Les autorités de l'endroit lui ayant exprimé leurs

Les «Observations» — comprenant 227 pages — se subdivisent en douze mémoires ornithologiques, y compris celui relatif au « Voyage en Orient » dont il a été question tout à l'heure.

« Toutes sortes d'observations ornithologiques » est le titre du premier. Le Kronprinz en consacre le commencement exclusivement aux vautours cendrés, fauves et aux percnoptères.

On y relève trois remarques très-curieuses. D'abord celle, où est constatée la coïncidence étrange de l'apparition de la peste bovine et des vautours cendrés dans les pays, qui d'ordinaire ne sont pas visités par ces oiseaux de proie. Un seul village contaminé suffit pour en attirer quelques uns à la distance de deux degrés de latitude.

On y apprend avec non moins d'intérêt l'inimitié mortelle, que l'aigle en général, et l'aigle royal en particulier, ressent contre le vautour cendré. Elle se manifeste dans des luttes interminables, dont le but plausible est de s'emparer de la ponte des vautours, que l'aigle, malgré sa taille moindre, ne craint pas

---

regrets à propos de l'insuccès des battues, il répondit gaiement :

« Quant à cela, je sais à quoi m'en tenir ! S'il ne dépendait, que de Messieurs les Transylvaniens, j'aurais tous les ours du pays au bout de mon fusil ! »

d'enlever en présence même des parents, comme en fut témoin l'archiduc Rodolphe.

Il importe de savoir aussi, que les régions habitées par le vautour fauve s'élargissent de plus en plus, et qu'il remplace déjà en quelque sorte le gypaète dans les Alpes.

Des aperçus nouveaux et originaux sur l'aigle royal remplissent le second chapitre. On y lit avec étonnement, que depuis l'âge de 17 ans — en 1875 — le Kronprinz recueillait des observations atmosphériques, et enregistrait régulièrement les dates, auxquelles apparaissaient à Gœdœllœ les aigles royaux. Il y expose également les raisons, d'après lesquelles, selon lui, il faut ranger l'aigle royal et l'aigle doré sans hésitation dans la même espèce, dont ils ne seraient que les types différents. La description colorée de la manière de vivre de l'aigle royal tient l'attention constamment en éveil, et prédispose quiconque en sa faveur, autant pour sa tendresse matrimoniale qu'à cause de son courage indomptable.

C'est le balbuzard (*aquila naevia*) et l'aigle nain (*aquila pennata* ou *minuta*) que l'on apprend à connaître dans le troisième chapitre. Parmi les particularités, que l'archiduc Rodolphe cite sur le compte des aigles nains — également seule espèce — il faut rappeler la réflexion, qu'il fait à propos de leur voix.

« J'ai souvent entendu le chant de l'aigle nain, mais je n'aurai jamais osé attribuer des sons aussi agréables à un oiseau de proie jusqu'à ce que j'ai eu l'occasion de le voir debout sur un arbre, le bec ouvert, la gorge gonflée, envoyant sa chanson d'amour la plus enflammée à sa belle couveuse. »

Étant le plus répandu en Europe, un long chapitre — le dernier — est dévolu de droit à l'aigle marin (*Haliaëtus albicilla*). La quantité énorme de choses intéressantes, que le Kronprinz sait raconter à son sujet, en fait une de ses lectures, que l'on ne peut plus interrompre une fois commencée. Charmante est la peinture de cette aire d'aigle marin, environnée d'un essaim de pierrots, que le puissant oiseau de proie juge des quantités négligeables. Il paraît, que par contre il est le vrai fléau des poissons, qu'il transporte tout vivants à de grandes distances.

En arrivant aux « Esquisses de voyages ornithologiques en Espagne » on constate d'abord, que les cinq essais, dont elles se composent, sont entière-

ment indépendants les uns des autres. L'archiduc
Rodolphe n'y parle que de sept oiseaux de proie
seulement, mais avec une autorité de plus en plus
imposante, que l'on subit volontiers à cause de la
transparence de son style et à cause de l'ingénuité
de ses réflexions.

Que dire de sa chasse au gypaète (gypaëtus barba-
tus)? Elle se déroule devant les yeux avec la netteté
d'une scène de théâtre, non pas à la suite d'artifices
littéraires, mais parce que la passion cynégétique et
la curiosité scientifique provoquent chez l'auteur
une surexcitation contagieuse. En peu de mots on se
sent transporté dans la Sierra Nevada, plus loin que
la vallée de Genil, jusqu'aux pieds des glaciers, où les
pâtres lui indiquent déjà de loin, sur une paroi de
rocher, l'aire du *Quebrantahuésos*, que le Kronprinz
reconnaît d'après leur simple dire pour le gypaète.
Dans l'espace d'une demi-heure il abat les
parents, dont la tête, ressemblant à celle de la
chèvre, et la barbe hérissée l'intéressent au superla-
tif, et dans l'après-midi il fait enlever vivant le jeune,
qu'il parvient à apprivoiser.

Au courant du travail suivant ce sont les vautours
fauves (*vultur fulvus*) qu'il étudie. Et avec raison,

car l'Espagne est la véritable patrie de ces oiseaux de proie. Ils s'y trouvent en si grand nombre, que sur le chemin de Riva de Sella à Cobadonga il put en compter autour d'un corps de bête morte, soixante-quinze.

« Ce repas de vautour avait un caractère extraordinaire. Le croassement enroué, le craquement des os, le frémissement des ailes, le dépècement des entrailles, le cliquetis des becs forminables, la batterie furieuse produisaient un bruit étourdissant et fantastique. »

Sur le percnoptère (*néophron percnopterus*) il n'y a pas grande chose de bien à dire. C'est par excellence l'oiseau de proie de l'islamisme ; car il complète l'organisation défectueuse de sa police sanitaire, dont les traditions ne sont pas encore assez oubliées en Espagne. Les habitudes repoussantes, qu'il prend dans les fonctions de nettoyeur de la voie publique, ne le recommandent nullement à l'attention des natures distinguées. Aussi le Kronprinz, s'étant aperçu *de visu* de ses écarts gastronomiques, le quitte-t-il le plustôt possible pour s'occuper de nouveau du gipaète, surtout de celui, qu'il a pu se procurer à Malaga. Rien ne donne une idée plus juste de la force de cet animal, un des derniers survivants du faune antédiluvien, que la facilité, avec laquelle il broie les os de bœuf. On doit le taxer d'originalité aussi, quand il se montre clément envers un pauvre lapin, introduit dans sa cage, et qu'il lui tond le corps et la tête très adroitement.

Constater la présence plus ou moins fréquente de l'aigle royal (*aquila fulva*) en Espagne et en Portugal, est le but des pages suivantes. Elles tendent en même temps à résoudre la question : si l'aigle royal préfère réellement les rochers aux arbres pour construire son aire? Selon l'archiduc Rodolphe, le choix lui est indifférent, du moment que l'isolement de l'arbre, la solitude du lieu promettent assez de sécurités. Relativement à l'aigle princier (*aquila Adalberti*) il y a divergence entre le professeur et l'élève. Le Dr Brehm en fait une espèce nouvelle, tandis que le Kronprinz le range parmi les aigles impériaux (*aquila imperialis*).

Il n'est pas d'accord non plus avec les anciens ornithologistes en ce qui concerne les autours (*aquila Bonellii*). Ils en parlent comme d'un oiseau de proie répandu dans toute la péninsule : et lui, il ne l'a rencontré qu'une fois dans le nord, aux Penas de Europa, et une fois à Gibraltar. Encore celle-ci peut à peine compter, car l'aire de l'autour y est non seulement respectée par tous les officiers de la garnison anglaise, mais en quelque sorte conservée, comme une curiosité. En terminant l'archiduc Rodolphe revient sur le huard (*pandion haliaëtus*), pour lequel il a une prédilection marquée.

Tous ces essais contiennent le mesurage scientifique des oiseaux, aussi en comparant ceux d'Espagne ou entre eux, ou avec ceux tués en Hongrie.

« Ce sont des pages détachées, écrites sans plan préconçu à des époques et dans des endroits différents, que je publie ici. « Tel est le préambule des « Notes ornithologiques recueillies depuis le 1er janvier jusqu'au 30 avril, » et dans un chapitre à part « recueillies depuis le 1er jusqu'au 31 mai en 1882 ». Si elles ne se rapportent qu'à l'existence, à la manière de vivre ordinaire des oiseaux, auxquels les environs de Vienne et de Prague donnent l'hospitalité en hiver, ou qui visitent ces contrées au printemps : leur valeur intrinsèque, au point de vue ornithologique, n'en est pas moindre. Et au point de vue de la psychologie, elle surpasse même celle des travaux précédents, que l'on pourrait à la rigueur attribuer à des inspirations passagères. Ici au contraire il s'agit de notes prises tous les jours, à toute heure, depuis bien avant le lever du soleil jusque dans le cœur de la nuit. Relevées sur le carnet d'un chasseur de profession, elles lui feraient déjà honneur; issues de la plume d'un Kronprinz, elles sont absolument stupéfiantes. N'imagine-t-il pas de contrefaire la voix de la souris pour attirer une chouette ? n'écoute-t-il pas pendant une demi-heure le chant d'un oiseau, qu'il ne voit pas, pour savoir s'il est un tétras ou une gélinotte ? ne cherche-t-il pas diligemment des hirondelles à Prague le 19 avril, parce qu'il en a déjà vues quelques-unes le 16 sur un bras du Danube, près de Vienne ?

« Un autour (*aquila Bonellii*) en Bohême » est le titre de l'entrefllet suivant. C'est la simple constation du fait, qu'un oiseau de proie méridional a pu être tué dans un pays du nord.

Plus développées, les « Esquisses ornithologiques de Transylvanie » contiennent aussi plus de remarques intéressantes. La ressemblance entre l'aspect du Retyezat et des montagnes de l'Espagne septentrionales; l'identité de leur faune — on trouve des gipaètes dans les Karpathes également; la rapidité avec laquelle les oiseaux y quittent leurs habitations à

cause des brusques changements de la température :
sont des sujets, qui séduisent autant la fantaisie
qu'elles font réfléchir. Les « Quelques observations
automnales » par contre mènent le lecteur en pleine
Bohême et fournissent des explications convaincantes
sur la grande quantité de chouettes, dont ce pays
était infesté en 1882. Le Kronprinz n'oublie pas non
plus d'y souligner les irrégularités notables, que
le départ de certaines espèces éprouvaient cette
année là.

« On sait généralement, que, malgré les recherches
les plus minutieuses, on n'a pas réussi jusqu'ici à dé-
terminer d'une façon péremptoire : si le *tetras médius*
fausse gélinotte est un métis du tétras, autrement coq
de bruyère (*tetras urogallus*) et de la gélinotte (*tetras
tetrix*), ou s'il forme une espèce à part ? » L'archiduc
Rodolphe répond à cette question en 1880 avec l'article « Sur la fausse gélinotte » et en 1883 avec ses
« Nouvelles notes sur le *tetrao medius*. » Tous deux
concluent résolument en faveur de la première hypo-
thèse, et ne diffèrent entre eux que par rapport à la
nature des arguments ; dans l'article ils se basent sur
l'expérience personnelle de l'auteur, dans les notes
sur l'opinion de Naumann et du Suédois Nilsson. Le

plus irréfutable est celui concernant les vertèbres
que l'on ne trouve pas en égal nombre chez tous les
tetrao medius. Il est également avéré, qu'en chan-
tant, ce dernier devient aussi sourd que le coq de
bruyère, et que d'un autre côté, tout en ayant
autant de vertèbres que celui-ci, leur répartition res-
semble à celle que l'on observe chez la gélinotte.

« Le son de la voix du tetras ne fait penser ni au
coq de bruyère, ni à la gélinotte. Il remplace leur
chant par un « kra, kra » assez criard, qui, s'accélérant
après plusieurs petits silences, se termine dans un
croassement sourd, pour le substituer à la cadence
finale ».

Et ayant établi la batardise du « tetras », — chose
curieuse ! précisément à l'encontre de Louis Brehm,
père du docteur, le Kronprinz admet chez lui malgré
sa fécondité propre des rechutes vers le coq de bruyère.
De là ces fluctuations dans ses formes et dans le coloris de son plumage, qui étonnent tant les ornithologistes.

Les notes « Sur les oiseaux de proie » datent du
mois de sptembre 1883, et comme elles ne s'occupent
que de ceux, que l'on rencontre autour de la capitale
impériale, elles se joignent tout naturellement aux

deux chapitres suivants : « Observations des environs de Vienne ». Faites au commencement et à la fin de l'hiver de 1883-84, elles sont consacrées au départ et à l'arrivée des oiseaux voyageurs. On apprend de leur lecture, que la proximité d'une grande ville ne diminue pas sensiblement le nombre des oiseaux de proie, puisque l'archiduc Rodolphe a pu en abattre 26 en deux fois (*) et que le croisement des animaux apprivoisés et libres est constant, comme a pu le prouver le cas d'un canard sauvage et d'une cane de Turquie. Le rapprochement s'était produit au parc du château de Laxenbourg.

Avec les « Notes du Midi » — écrites en mai 1886 on se sent transporté dans le climat béni de l'île de Lacroma, de la Dalmatie et de l'Herzégovine. Les oliviers, les pins d'Italie, sur lesquels s'abattent les oiseaux retour d'Afrique, les *Koula* turques, les lagunes de Nona y entourent d'un cadre enchanteur les remarques techniques de l'ornithologiste. S'il s'y montre plus observateur que jamais, c'est qu'en sur-

---

(*) Ce qui ne l'empêcha pas de dire, qu'il n'oserait jamais se présenter devant sa fille, s'il avait sur la conscience la mort inutile d'un moineau. (« Panégyrique » dê Maurus Jokai).

9

veillant les ébats des habitants de l'air, il contemple
en même temps un firmament radieux, et fouille des
horizons, que ferme la surface bleue de l'Adriatique, ou les rochers escarpés et sauvages d'un pays
montagneux, aux contours pittoresques !

Indépendance absolue dans le choix des sujets et dans la manière de les présenter; absence complète de toute considération politique : ces traits communs aux œuvres précédentes du Kronprinz en facilitaient incontestablement la production. En composant son épopée de chasse, il a pu la découper en « journées » qui correspondent aux chants; en décrivant l'Orient, rien ne l'empêchait de le faire d'un seul jet, puisque le voyage était continu aussi. N'obéir qu'à sa fantaisie : c'était à la fois d'un jeune homme en plein développement et d'un prince adoré, puissant.

Quelles difficultés au contraire que d'aborder un travail, qui, avec ceux de beaucoup d'autres, devait former un tout harmonieux ; dans lequel chaque mot s'adresse aux sentiments les plus intimes de quarante millions d'Austro-hongrois !

Et encore si ces sentiments étaient les même chez tous; si à côté de l'attachement à la dynastie des

Habsbourgs et du plus ardent désir de marcher avec
le progrès, on pouvait en citer, qui fassent vibrer à
l'unisson les diverses nationalités de la monarchie !
Liberté, patriotisme, tolérance, égalité y changent
de sens malheureusement, selon qu'on les prononce
dans une langue ou dans une autre !

Eh bien ! avec la sagacité, qui n'appartient qu'aux
organisations vraiment supérieures, l'archiduc Rodolphe remonta plus haut, et recourut à l'affection,
à la sympathie même, que les peuples peuvent
éprouver les uns envers les autres, pour faire naître
l'union tant souhaitable. A ce point de vue son livre
a un cachet humanitaire très-élevé, qui lui vaudra
certainement le respect le plus profond de générations futures.

*La monarchie austro-hongroise en paroles et en
peinture* est donc une application grandiose de la
fameuse phrase delphique : « Connais-toi toi même »
servant de monographie à l'empire entier, donnant
non seulement sa description minutieuse, — à laquelle le crayon des artistes contribue dans une large mesure, — mais aussi son histoire, la genèse de
sa vie intellectuelle et de sa vie matérielle. Or se connaître c'est rentrer en soi-même, s'avouer ses fautes,

devenir indulgent ; c'est trouver des analogies, des points de contact entre soi et les autres. Et de là à l'estime, à l'amitié, il n'y a plus qu'un pas !

D'ailleurs l'idée d'une pareille entreprise était d'autant plus viable ; que grâce un gouvernement paternel de l'Empereur-Roi, la cohésion politique de la monarchie est déjà accomplie et demande, en quelque sorte naturellement, pour corollaire un rapprochement plus intime entre les intelligences d'élite de toutes les races dont se compose la population. Enfin c'était l'emploi de la devise souveraine : *Viribus unitis* — avec les forces réunies — dans le domaine des arts et de la littérature.

Ayant pour but l'apostolat de l'entente, de la conciliation, le Kronprinz se crût obligé de diviser son travail en parts égales entre les deux sections de l'ouvrage. Une courte introduction en allemand et « La forêt de Vienne » pour l'Autriche, un avant-propos en magyare et « Goedoelloe » — qu'il n'a pas pu terminer — pour la Hongrie, furent les résultats, que devaient produire son impartialité. La préface en tête du volume des » Apercus généraux « lui revenait en sa qualité d'initiateur ; quant au chapitre » Les forêts riveraines du Danube depuis Vienne jusqu'à

la frontière hongroise, » il l'écrivit à l'improviste,
pour remplacer au dernier moment l'œuvre d'un
savant, jugée trop sérieuse.

Ornés de belles gravures, dues à MM. Rumpler,
Hlavacek, Marak, Hasch, Onken et Perko, — ces
articles forment un total d'à peu près 75 pages grand
in-octavo. Le style coloré de l'archiduc Rodolphe s'y
fait jour chaque fois, que le caractère abstrait du
sujet le permet. Il n'oublie pas non plus d'animer
les paysages avec les silhouettes mouvantes de ses
oiseaux aimés et s'arrête avec bonheur au milieu de
ses bois préférés soit au sommet des coteaux, soit
aux bords du Danube. En un mot, malgré ses meil-
leures intentions politiques et patriotiques, le Kronprinz ne peut pas complètement dépouiller sa passion
de la Nature, à laquelle il a si souvent demandé des
forces pour vivre et qui lui en a donné hélas ! — aussi
pour mourir !...

Voici les plus importants passages de la « Préface »
principale :

« Même en tenant compte de quelques bons travaux préparatoires, il faut avouer, que la monarchie
austro-hongroise ne possède pas encore un ouvrage
ethnographique, qui, étant à la hauteur des recher-

ches scientifiques actuelles, les reproductions artistiques perfectionnées aidant, à la fois distrayant et instructif, fournisse une vue d'ensemble exacte sur notre pays et sur nos diverses races nationales.

« L'étude des peuples, que renferment les frontières de la monarchie, n'est pas seulement un curieux champ d'activité pour le savant, mais elle a aussi une valeur très-réelle au point de vue du patriotisme en général.

« C'est par l'approfondissement croissant des qualités supérieures et spéciales de chaque groupe ethnographique, et de leur dépendance matérielle réciproque, que le sentiment de la solidarité, si nécessaire à l'union de tous les peuples de notre patrie, doit se raffermir le plus.

« Cultiver l'ethnographie et ses sciences auxiliaires est donc précisément dans notre pays une chose très-importante; car ce sont elles, qui, éloignées des théories prématurées et des passions des parties, réunissent le mieux les matériaux dont seul peut sortir la comparaison la plus objective entre les races différentes, et leur appréciation la plus équitable. »

Aussi les rassembler devint une idée d'autant

plus séduisante pour le Kronprinz, que la conformation du sol de la monarchie, ainsi que la composition ethnographique de ses peuples fournissent des contrastes, comme on n'en rencontre nulle part ailleurs.

« Mû par des réflexions semblables, — poursuit-il, — nous nous sommes décidés à entreprendre le travail actuel. On y verra une armée de littérateurs et d'artistes autrichiens et hongrois reproduire en paroles et en peinture la chère patrie, suggérant au lecteur un long voyage, au milieu de grands et lointains pays, parmi des nations aux langages dissemblables, à travers les paysages les plus variés.

« Vienne la magnifique capitale, avec ses palais, avec le vestige de plusieurs siècles de grandeur : son vieux dôme de St-Etienne au centre, située près du Danube majestueux, entourée d'une couronne de riantes montagnes, de coteaux couverts de vignes, de forêts sonores et de plaines fertiles, si belle, si vénérable et cependant si éternellement jeune et florissante : tableau, qu'aucune métropole de la terre ne peut présenter.

« Mais pénétrons plus en avant dans cette Basse-Autriche gracieuse : des champs de blé houleux, des riches bas-fonds s'alternent ici avec les luxuriantes forêts riveraines du Danube. Si maintenant nous jetons un regard sur la « forêt de Vienne » : nous y parvenons à travers les chênes et les hêtres jusqu'aux pins et aux sapins, par les vallons étroits aux montagnes élevées, par les villages des monta- gnards jusqu'aux pentes chauves, les buissons tortus du Schneeberg.

« Alors suivons la chaîne des montagnes : les montagnes calcaires de la Haute-Autriche, avec leurs formes dentelées, leurs vallées sauvages et leurs gorges sombres; ensuite les lacs bleus, puis les prairies verdissantes. Par devant une contrée pros- père, que le Danube parcourt entre plusieurs opu- lentes villes et de riches villages. Là s'élève Salz- bourg, la vieille résidence épiscopale, avec ses églises et ses maisons grisâtres, un vrai monument artistique des temps passés.

« Mais les montagnes deviennent encore plus hautes. Nous avons devant nous le Tyrol, cette forteresse de rochers. Il y a là des glaciers, des montagnes primitives, et les Alpes s'y couvrent d'un côté de la végétation septentrionale, et de l'autre de la flore du midi. Nous ne nous arrêtons que dans le Vo- rarlberg, sur les bords du beau lac de Constance. De là nous allons en obéissant aux ondulations des montagnes, d'abord le long des cimes neigeuses et étincelantes du Tauern dans la magnifique et verte Styrie, pays, qui réunit tant de choses : des chaînes de hautes montagnes, des forêts sans fin, des riches plaines caressées par un chaud soleil. Nous traversons le beau pays de la Carinthie, ainsi que la Carniole, à la blancheur éblouissante, aux formes grotesques, à la fois septentrionale et méridionale dans sa végétation et dans le reste ; et par Goritz nous joindrons le Karst et ses pentes abruptes, parcimonieuses en verdure, d'un type si original, si unique. De ces roches escarpées le voyageur apercevra Trieste, riche et splendide, au milieu de ses jardins délicieux et luxuriants, sur les bords de notre Adriatique, ayant dans son golfe profondément échancré une forêt de mâts pavoisés aux couleurs de toutes les nations et aux nôtres. Et maintenant il s'agit de descendre, entre une multitude d'îlots, le long des côtes de la Dalmatie grandiosement belle jusqu'aux Bouches de Cattaro, où s'élèvent, en guise de bornes, les masses rocheuses des montagnes Noires solennellement graves !

« Notre regard se tourne vers le Nord. La Moravie,

ce charmant pays avec sa gracieuse chaîne de coteaux est bientôt traversée, et après c'est la Bohême,
fertile haut plateau, entouré d'une guirlande de
montagnes boisées, qui va s'étendre devant nous,
offrant à nos regards ravis, la vue de ses forêts de
pins et de sapins, de ses ruisseaux bruissants, de ses
fleuves poissonneux, de ses plaines et de ses villes
si bien cultivées et si riches en industrie, au milieu
avec le vieux Prague doré, que domine l'orgueilleuse
Hadschine.

« Par les vallées de la Silésie, par ses plaines abon-
dantes, on est conduit, en passant devant l'historique
et vénérable Cracovie, devant son château de Wavel,
dans les contrées de la Gallicie. Les contreforts des
Carpathes s'y avancent, avec leurs forêts primitives,
très loin dans la plaine, et, en traversant des villes
et des villages, des riches hauts plateaux, des fleuves
profondément encaissés, dont le cours se dirige vers
le Nord, nous atteignons le petit pays limitrophe,
forestier, la belle Bukovine, qui sert de transition
entre les puissantes hauteurs des Carpathes et les
plaines sarmates infinies.

« Et maintenant entrons dans le domaine de la
couronne de St-Etienne, si grand, si riche en beautés

et en paysages changeants, entouré de la couronne
des Carpathes aux minerais précieux, de monticules
boisés, s'élevant parfois à la hauteur des vraies
grandes montagnes, ayant dans leurs vallées les
sources des grands fleuves du pays. Au Sud il s'y
étend une contrée, où des coteaux garnis de forêts,
des treilles pleines de raisins, des grands lacs, des
puissantes rivières, des larges marais, des régions
ondoyantes de la culture, une végétation luxuriante
et la Puszta (pousta) majestueuse, à la beauté mé-
lancolique, avec ses villes étendues, charment dans
une série grandiose les yeux du voyageur. Au milieu du pays, sur les rives du puissant Danube, ar-
tère de la monarchie, se trouve la capitale, si belle et
si vivante, en pleine floraison, le centre de la vie
politique, de la culture intellectuelle et de l'activité
industrielle du pays. Passons'plus loin, par les paysages chaudement méridionaux et bien cultivés de
la Croatie, au splendide golfe de Fiume, et de là, au
milieu des plaines de l'Esclavonie, le long des crêtes
boisées de la Fruska-Gora et de la Save, de nouveau
jusqu'au Danube.

« Ayant de magnifiques plaines à gauche, les
hautes rives serbes à droite, on continue entre des

masses rocheuses toujours plus abruptes jusqu'aux
Portes-de-fer, où se fraie un passage notre puissant
fleuve à travers les récifs aigus. Par Méhadia et par
ses vieux termes romains le chemin traverse les Alpes de l'ancien Banat valaque ; de là nous pénétrons
dans la Transylvanie, cette pierre précieuse de la
couronne de St-Etienne. Nous y contemplons les
Alpes transylvaniennes si imposantes, qui, pareilles
à un mur élevé, forment une frontière de pays et
d'empire. Ce sont des montagnes géantes, qui ne
cèdent en rien aux Tauern, mais dont les vallées et
les déclivités s'écroulent sous la verdure des forêts
primitives, ayant sur les flancs de leurs contreforts
des vignobles, cachant dans leur sein de l'or et du
sel. Ajoutez-y les villes antiques, témoins d'une
autre civilisation, et dans tous les paysages le beau
pittoresque, réuni à ce qui est scientifiquement intéressant. Dans l'intérieur du pays on peut rapidement
visiter les plaines et les collines charmantes, et finir
ainsi ce long voyage à travers cette belle et grande
monarchie, si riche en aspects de la nature, si variée
dans ses types et dans ses faunes.

« La Gallicie avec son caractère septentrional ; le
nord de la Bohème avec sa flore de l'Europe cen-

trale ; la plus grande partie des Alpes, les Carpathes les Puszta hongroises, le Tyrol du Sud et la Dalmatie avec sa végétation méridionale ; toute cette variété se trouve réunie dans une seule monarchie !

« Le bois tortu serpente sur les glaciers ; le bouleau brille dans les marais du Nord, le chêne bruit dans la forêt sombre à côté du sapin ; vignes et lauriers, cyprès et palmiers, — tous ils embellissent la même patrie : la nôtre.

« Les hommes, comme ils y vivent et agissent, avec toutes leurs habitudes et dans leurs accoutrements si différents, nous les montrerons en peinture et nous les expliquerons en paroles au lecteur. La population de Vienne avec sa vivacité et sa sensibilité artistique ; le Bas-Autrichien des plaines et des montagnes ; le Haut-Autrichien et le Salzbourgeois des Alpes, où son existence se passe dans une lutte terrible contre les éléments d'une nature grandiose ; le riche paysan des contrées fruitières ; le Tyrolien dans ses vallées étroites, dans ses beaux petits villages, où l'on trouve encore de vieilles coutumes et des costumes pittoresques ; sur le versant sud des Alpes le Tyrolien italien et le Ladinois ; ensuite le Styrien dans toutes les parties de son

pays ; le Carinthien et le Carniolien ; le Sloven
dans son costume bariolé ; l'Istrien ; — et comme
les couleurs deviennent toujours plus vives, le Dal-
matin dans son riche costume, avec ses armes
étincelantes : ils défileront tous devant nos yeux. Le
tableau est moins chatoyant en Bohême, où les Allemands se groupent au Nord et à l'Ouest et les Tchè-
ques au centre. Mais déjà les Moraves, avec leurs
Hannaks, fournissent de nouveau une foule bigarrée
ainsi que les Silésiens d'origine allemande et d'origine slave ; les Polonais et les Ruthènes de la Gallicie, se suivant dans une série pleine de variétés.

« Et maintenant viennent la Hongrie, la Hongrie
magyare avec sa vie populaire si attrayante ; les
Sicules, une race consanguine originale ; puis les
Slovaques du Nord ; les Roumains d'origine ro-
maine ; les Serbes et les Croates ; les peuples
moindres, vivant en colonies : les Saxons dans la
Transylvanie, avec leurs coutumes et habitudes
qu'ils conservent depuis de longs siècles ; les Arméniens, émigrants de la Bulgarie ; les Juifs, qui, en
partie dissous dans les nationalités environnantes,
en partie ayant gardé les particularités de leur race,
vivent dans toutes les contrées de la monarchie ; les

Tsiganes migrateurs, musiciens, et enfin établis comme habitants domiciliés, dans les villages hongrois. »

... « Et le présent ne sera pas seul décrit ; on nous permettra aussi de jeter un regard en arrière, jusqu'aux jours de la domination universelle des Romains, quand à Vindobona les légions s'entre choquèrent avec les Quades et les Marcomannes ; quand on planta les aigles romaines victorieusement en Pannonie et en Dacie. »

... « Les cercles littéraires et artistiques de tous les peuples de la monarchie se réunissent à ce travail commun. Il doit montrer aux compatriotes et aux étrangers : de quelle grande somme de forces intellectuelles nous disposons dans nos divers pays et dans nos diverses nations.

... « Et comme dans le courant de ce travail, les pays occuperont leurs places l'un après l'autre : pour les produire, il y aura aussi de nouveaux collaborateurs et artistes, originaires des contrées respectives. Ceux-ci se joindront avec un égal dévouement et avec un enthousiasme non-amoindri à leurs prédécesseurs ; et l'ouvrage, terminé après de longues années, servira aussi bien de monument

à notre activité créatrice actuelle, que de souvenirs
pour les âges futurs : il sera : *La monarchie austro-
hongroise en paroles et en peinture.* (') »

L'introduction qui y précède le premier volume
de la partie autrichienne est intitulée : *Vienne et
ses environs.*

... « La terre qu'il habite écrit l'archiduc Rodolphe — la nature, dont il est entouré, ont une
influence considérable sur l'homme et sur ses créations. Si donc on peut affirmer, que Vienne a un
caractère particulier et éminemment sympathique,
on peut en dire tout autant du pays, qui l'entoure.

« C'est dans le voisinage de Vienne, que coule le
Danube puissant, ayant ses sources lointaines dans
l'Occident et se dirigeant de là, à travers l'Europe
centrale, vers l'Orient plus lointain encore. Sur
ses bords septentrionaux se termine par le mont
rocheux de Bisam, un haut plateau, pareil à celui
qui traverse la Bohême et la Moravie ; en face de
celui-ci, un peu à l'Est, nous apercevons Vienne, et
puis la chaîne boisée des Basses-Carpathes aux
formes élégantes, ces contreforts occidentaux de la

(') D'après les prévisions du Kronprinz, il devra être
achevé pour le 50me anniversaire de l'avènement au
trône de François-Joseph, c'est-à-dire en 1898.

grande chaîne de montagnes, dont la Hongrie est entièrement enlacée que plus tard nous voyons descendre jusqu'au Danube. Sur sa rive droite s'élève le mont de Hundsheim, chauve et arrondi, fermant dignement les étroites et longues montagnes de la Leitha, sur un espace considérable frontières naturelles entre la Basse-Autriche et la Hongrie, reliées aux Alpes par l'amas de montagne du Wechsel.

« Vienne lui-même, immense et aujourd'hui déjà complètement amalgamé avec la mer de ses maisons, se trouve au pied des hauteurs appelées Kahlenberg et Léopoldsberg, dont la verdure se voit des fenêtres de la ville. Derrière cette première ligne de coteaux s'étend une autre contrée montagneuse, que chaque Viennois regarde comme sienne : la ravissante Wienerwald forêt de Vienne. Des hautes futaies de chênes, coupées par des vallons en prairies, par des ruisseaux bavards, s'abaissant et s'élevant tour à tour, s'avancent jusqu'au Danube. Plus loin commence la zone des hêtres, le domaine des pins et des sapins. C'est ainsi que se fond doucement la forêt de Vienne dans le groupe des Alpes, ces vertébres de l'Europe centrale, que nous voyons surgir à l'Ouest en France, et dont le dernier sommet est le Schneeberg, cet orgueilleux voisin de Vienne.

« Ce sont les riches plaines de la Moravie, qui s'é-
tendent avec leurs champs de blé ondoyants entre
plusieurs groupes de montagnes au Nord du Danube ;
tandis qu'au Sud c'est le bassin de Vienne, c'est ce
beau pays bas entouré de montagnes, où un humus
fertile, des ruisseaux bruissants, des paturages ma-
récageux, des halliers épais s'alternent dans une agréable variété. Au milieu roule majestueusement le
Danube, formant des îlots, des bancs de gravier, et
des forêts riveraines presque impénétrables : un pays
sauvage en un mot, à proximité d'une grande ville !

« Parmi de tels contrastes, au milieu de champs
bien cultivés et de forêts épaisses, entouré d'une couronne de jardins merveilleux et de riches maisons
de campagne, s'élève Vienne, la glorieuse et antique
ville impériale, avec sa haute tour de St-Etienne, un
grand morceau d'histoire elle-même ; tout autour de
vieilles constructions vénérables, décolorées ; un an-
neau de palais en marbre moderne ; des faubourgs
populeux ; des villages suburbains étendus, dont les
maisons empiètent de plus en plus sur les champs
cultivés ; preuves tangibles d'une ère nouvelle, d'un
progrès fiévreux !

« Près du Danube, dans les bocages verdoyants

du Prater, brille la haute coupole de la Rotonde (ˆ) symbole du Vienne moderne, comme la tour de St-Etienne l'est de l'ancien. Toutes deux, bornes de notre histoire, annoncent déjà de loin, au voyageur, que Vienne est là, la capitale du Danube bleu, à mi-chemin entre l'Occident et l'Orient, où se croisent les frontières des nations : marché de la civilisation, que la Nature et l'Homme ont érigé pour le présent et pour l'avenir. »

A l'encontre de la partie autrichienne, qni, comme on vient de le voir, commence par la description de la capitale: la partie hongroise du livre du Kron-prinz ne s'occupera de Budapest que beaucoup plus tard ; car les Hongrois espèrent, qu'entre-temps cette ville gagnera encore en importance, et s'embellira considérablement. Si, pour préparer le caractère plus abstrait de leurs travaux, l'avant-propos y est moins concret aussi : il est en revanche un pur chef-d'œu-vre de composition.

« Nous voulons conduire nos lecteurs à travers la Hongrie et les pays y réunis, par ce beau territoire, que la nature a si richement doté.

(ˆ) Construite pour l'Exposition Universelle de 1873.

« De hautes chaînes de montagnes, des forêts primitives épaisses, des contrées couvertes de collines,
des chénaies bruissantes, des lacs considérables, des
puszta infinies, des fleuves poissonneux et navigables,
des plaines bien cultivées, des coteaux plantés de vignes, sur les frontières de la Gallicie les empiète-
ments du Nord, dans la baie de Fiume une végétation méridionale : tout ceci, nous le verrons et nous
le connaîtrons « en paroles et en peinture. »

« C'est un pays béni par Dieu que notre Hongrie !
Des trésors se cachent encore dans ses montagnes,
et ils s'y trouvent encore des terrains non-défrichés.
Un pays, qui est de plus en plein travail d'éclosion ;
dont la tâche immédiate est plutôt de découvrir et
d'exploiter ses sources de richesses, que de les con-
server avec effort et art.

« Les traits marquants de l'Occident et du Nord,
l'ardeur du Midi et le caractère oriental se rencontrent ici mêlés.

« Mais l'empire de la couronne de St-Etienne n'est
pas moins curieux au point de vue de la géographie.
Des espèces différentes d'animaux et la flore des
trois zônes botaniques de notre continent s'y avoi-
sinent. Du reste la transition entre l'Occident et l'O-

rient y est exprimée aussi bien dans les substances naturelles, que dans le climat et dans les paysages.

« Cependant ce n'est pas seulement le naturaliste, qui peut trouver des sujets nouveaux pour ses études dans les contrées si variées de la Hongrie, mais l'ethnographe aussi, dont le but est d'approfondir la vie, le développement et les particularités d'un peuple. Les dernières houles de la migration des peuples y ont formé des groupements de nationalités excessivement intéressants. Nous y rencontrons, dans le voisinage immédiat de la frontière linguistique de la race allemande, les Slaves du Nord et du Sud en rase campagne ou en haut des montagnes ; à l'Orient les Roumains ; les Magyares eux-mêmes occupent le cœur du pays, presque exclusivement des plaines, la race des Sicules exceptée, établie dans une seule masse sur la frontière orientale du pays ; les allemands habitent généralement des montagnes, mais par place des plaines aussi. En dehors de ces races il y a encore des Ruthènes, des Arméniens, des Bulgares et des Tsiganes.

« Toutes ces races, nous allons donc les visiter dans leurs demeures ; nous prendrons connaissance de leurs coutumes et de leurs costumes dans le passé et dans le présent ; nous nous rendrons compte de

leur histoire, de leur développement ; nous les sur-
veillerons dans leur progrès et dans leur civilisation ;
en un mot, nous ferons connaissance avec l'existence
et l'essence du peuple ; comment il s'est formé,
comment il s'est adapté à la terre, qu'il habite !

« Après mille années d'heur et de malheur, à travers les plus surprenantes variations de l'adversité,
ayant lutté en maintes guerres sanglantes, les Magyares habitent encore le même sol, qu'ils ont conquis jadis sous la conduite d'Arpad ; et dans les
royaumes de la couronne de St-Etienne, si richement dotés par la nature, les peuples de l'état hongrois se sont créés une existence civilisée, que le progrès incessant, le prompt développement embellissent de plus en plus. Aussi, quand aujourd'hui le
soleil levant remonte des montagnes frontières de la
Transylvanie, et qu'il dore de ses rayons rajeunis-
sants ces belles plaines, ces fleuves argentés, cette
riche verdure des champs, ces villes actives, ces forêts tranquilles : il salue un pays, qui à travers les mé-
andres de son histoire mouvementée, est parvenu
enfin jusqu'à l'ère heureuse de la floraison et de
l'accroissement assurés : notre beau pays de Hongrie !

La charpente logique de « La forêt de Vienne » n'est

pas inférieure à celle de cet avant-propos si remarquable. L'article parut dans les fascicules 11 et 12 du premier volume autrichien et occupe 23 pages, y inclus les huit gravures.

D'après l'archiduc Rodolphe : « La forêt de Vienne » est le principal joyau, la contrée la plus caractéristique de la Basse-Autriche. Les Alpes autrichiennes s'effondrent dans toute la longueur de leur chaîne, en déclivités rapides, sur les terrains bas et découverts, qui se trouvent devant elles. Il n'y a que leur extrémité orientale, le groupe du *Schneeberg*, ayant un territoire de transition, boisé, d'une végétation luxuriante. C'est la forêt de Vienne. Adoucissant le type des Alpes, s'amincissant vers le Nord, elle sépare la plaine de Tulln de la plaine plus considérable du bassin du Danube. Certaines de ses parties ressemblent aux pays avoisinants : dans ses ramifications au Sud, on reconnaît les Alpes ; à l'Ouest elle se rapproche du caractère des montagnes de la Basse et de la Haute-Autriche, tandis qu'au centre et du côté de l'Est, elle rappelle les paysages boisés des Carpathes orientales. Ses traits les plus marquants sont : qu'entre plusieurs longues chaînes de coteaux, terminées parfois par des cônes élevés, elle est traver-

sée par un grand nombre de vallons ; qu'elle contient
beaucoup de sources — des sources thermales même
— sans posséder un seul cours d'eau un peu
considérable ; et surtout que, presque entièrement
couverte d'une forêt immense, sa beauté consiste
principalement dans ses bois immenses. En fait de
rochers pittoresques, on ne peut y citer que deux
vallées à l'Est, près de Baden et Moedling.

Au point de vue du caractère de son aspect,
le Kronprinz la partage en trois groupes ; d'après sa
flore on doit la diviser au contraire en deux ; car elle
appartient simultanément à la contrée sub-alpine de
la flore baltique et à la contrée pannonienne de la
flore du Pont-Euxin. De là sa grande richesse bota-
nique, que son indigence zoologique ne peut pas
contre-balancer.

Si la forêt de Vienne est dépourvue d'oiseaux,
c'est qu'ils n'y trouvent pas d'eau. Elle peut se targuer cependant de ses coqs de bruyère, que l'on
rencontre quelques fois dans les environs de Saint-
Corona.

Les deux hauteurs par lesquelles est dominée la
capitale impériale : le *Léopoldsberg* et le *Kahlenberg* — 423 et 483 mètres — attirent doublement

l'attention. Le nom de la première provient du comte
Léopold, qui y fit construire un château fort en
1101. Il fut en même temps le fondateur à *Klos-
terneubourg* d'un couvent de religieuses, élevé à
l'endroit, où l'on avait retrouvé le voile de sa
femme Agnès, emporté par le vent. Quant à la
seconde elle a un intérêt historique très-consi-
dérable, puisque c'est de là, que les armées chré-
tiennes se sont précipitées sur le camp de Kara-
Moustafa pacha en 1683, sous la conduite de
Sobieszky, roi de Pologne, pour délivrer Vienne
assiégé. Depuis quelques années un chemin de fer
funiculaire y mène les amateurs de paysages, devant
lesquels il s'en déroule là, tout en haut, un aussi
varié qu'étendu.

Le *Thiergarten* — parc à gibier impérial-royal — est
la partie la moins connue des environs de Vienne.
En dehors de la beauté de ses sites, il possède une
qualité précieuse aux yeux des chasseurs: les cerfs,
les daims, les sangliers, les mufflons, — les moutons
sauvages depuis peu acclimatés, — y prospèrent
d'une façon extraordinaire.

L'établissement hydrothérapique de *Kaltenleut-
geben*, les ruines de l'*Helenen-thal*, l'origine

médiévale de *Brühl* donnent à ces endroits une certaine célébrité. Celle du couvent de *Heiligen-Kreuz*, fondé en 1131 par le comte Léopold également et appartenant aux religieux de l'ordre de Cîteau, est plus retentissante encore. Mais quelle qu'elle soit, dorénavant on ne parlera plus dans ses parages que de *Meyerling* et de son pavillon de chasse fatal, transformé aujourd'hui en couvent de Carmélites sur l'ordre de l'Empereur-Roi !

En face du village d'*Alland* se trouve le point le plus élevé de la forêt de Vienne ; « La porte de fer » 831 mètres. — C'est là aussi que l'on rejoint la petite rivière de Schwechat, dont les écluses jouent un si grand rôle dans les exploitations forestières de la contrée.

Il faut faire mention au pied du *Schœpflberg* de la « Chapelle du cerf ». Elle fut bâtie à l'endroit même, où selon la légende, était mort foudroyé un chasseur blasphémateur, qui n'aurait pas craint, disait-il — de tirer sur un cerf, fut-il porteur du crucifix. Il en rencontra un dès le lendemain, et il ne put survivre à sa vue.

Parmi les domaines allodiaux, dont l'empire a doté les Babenberg, les souverains d'alors en Autriché, — après l'expulsion des Hongrois (1002) — les plus importants étaient ceux, situés dans la forêt de Vienne actuelle. En 1279, ayant vaincu Ottokar, l'empereur Rodolphe les obtint des princes germaniques pour sa famille, qui en disposa depuis avec la plus entière liberté.

Entre l'apparition de ce travail et du suivant, publié dans les fascicules 14 et 15 du volume sur la Basse-Autriche » , il n'y eut qu'un intervalle de deux mois. Pris à l'improviste, par la raison indiquée plus haut —le Kronprinz dût se hâter d'écrire sur un sujet, qu'il n'avait pas étudié avec son approfondissement habituel. Il en résulte un peu de décousu dans l'article, qu'une aventure de chasse coupe inopinément en deux au milieu, aventure du reste au plus haut point intéressante grâce à sa plume enchanteresse.

En réalité il n'eût pas été facile pour quiconque d'introduire beaucoup de variétés dans la description d'une contrée aussi sauvage et monotone, que celle du Danube entre Vienne et la frontière hongroise. Il ne s'agit là que de ces îlots ébauchés par le caprice du grand fleuve, qu'il peut très-aisément détruire dans un jour de colère, où ses flots gonflés quittent irrésistiblement son lit devenu étroit. Aussi restent-ils inhabités, et si les endiguements les rendent en partie peu à peu à la culture, il se passera encore longtemps avant que l'homme puisse les disputer sérieusement aux fauves et au gibier, qui y pullule. En 1850 on y rencontrait encore également des castors.

Selon l'expression populaire, ces îlots sont secs ou humides, c'est-à-dire à l'abri des crues ordinaires ou compris dans le terrain destiné à recevoir le trop-plein du fleuve. Parmi les premiers il faut signaler avant tout sur la rive gauche l'île de Lobau, que la campagne de 1809 a rendue célèbre. Elle porte encore les traces visibles du séjour de l'armée de Napoléon : on y découvre par endroit les vestiges des campements, des routes militaires, ainsi que quelques tombeaux français.

En revenant sur la rive gauche il faudrait parler d'abord du Prater et de Freidenau — le Bois de Boulogne et le Lonchamps viennois; car au point de vue géologique ils appartiennent au groupe des îlots danubiens, dont, il y a trente ans, ils se distinguaient à peine. Mais aujourd'hui ils sont déjà complètement englobés dans Vienne moderne, — ainsi que

les forêts riveraines de Kagran-Stadlau, — par suite
des travaux de la régularisation du Danube.

Sur la même rive ce sont le village de Pétronell
et la petite ville de Hainbourg, qui arrêtent encore
l'attention. A eux deux, ils occupent l'emplacement
du *Carnuntum* des Romains. Centre du commerce
de l'ambre, colonie fortifiée très-importante, de laquelle dépendait *Vindobona* (Vienne) comme avant
poste, ce *castrum* devint avec le temps une ville
considérable, dont les ruines servirent à la construction de presque tout Hainbourg et des villages
environnants.

« Entouré de verdoyantes forêts, — s'écrie enfin
l'archiduc Rodolphe, — le ruban argenté du Danube
traverse de l'Ouest à l'Est le bassin de Vienne et les
champs fertiles des plaines de la Morava. Celle-ci
conflue du Nord, ayant arrosé des riches paturages
et des coteaux pittoresques. Sur le bord opposé au-
dessus d'une haute rive, s'élève le beau château de
Schloszhot. A l'Ouest, dans le lointain, on aperçoit
les silhouettes effacées du Bisam et au Sud le Kahlenberg et le Léopoldsberg, ainsi que la chaîne
graduellement grandissante de la forêt de Vienne.
Décidément la Basse-Autriche est un beau pays ! »

EPILOGUE

—

C'est à M. de Szoegyényi-Marich, chef de section au
Ministère des affaires étrangères, que le Kronprinz
confia par son testament le douloureux honneur de
mettre de l'ordre dans ses papiers. Les recherches
d'un admirateur aussi sincère n'ont pas amené jusqu'ici la découverte d'aucun travail important, mais en
revanche on a trouvé beaucoup d'ébauches d'articles,
qui n'attendaient que la dernière retouche pour se
ranger glorieusement à côté des œuvres précédentes.

Quant à sa correspondance intime, elle disparaîtra
en entier; car, ayant détruit les lettres amicales à lui
adressées, l'archiduc Rodolphe a tacitement indiqué
le sort, que doivent subir ses confidences. Elles
étaient très-complètes et très-explicites sur les personnes et sur les choses, et prouvaient à l'envie la foi,
qu'il avait dans ses amis.

On distribuera sa bibliothèque et ses collections

entre les principales institutions scientifiques de l'Autriche Hongrie, et l'organisation compliquée de *La monarchie austro-hongroise en paroles et en peinture* aurait été mise probablement en mille morceaux aussi, si l'archiduchesse Stéphanie avec un courage, que l'on n'aurait jamais supposé chez une si jeune femme, ne l'eût prise en main, pour qu'elle s'achève à l'honneur éternel du Kronprinz.

La succession de ses droits d'héritier du trône ne peut donner lieu à aucun litige. Elle revient, d'après la *Sanction pragmatique*, à son oncle paternel, S. A. I. et R. Monseigneur l'archiduc Charles-Louis et par lui, à ses fils François-Ferdinand, Othon, et Ferdinand-Charles-Louis, tous enfants de deuxième lit, ainsi que l'archiduchesse Marguerite-Sophie, abbesse d'un chapitre noble à Prague, ayant eu pour mère la princesse Maria-Annunziata de Sicile, décédée en 1871. L'archiduchesse Marie-Thérsèe, troisième femme de l'archiduc Charles-Louis, est une princesse royale de Portugal, dont il a deux filles. Son second fils, marié avec une princesse royale saxonne, est déjà père aussi : père de l'archiduc Charles-François-Joseph, âgé de deux ans.

Mais longue et éclatante est encore la carrière, que

l'Empereur-Roi doit parcourir, et son dévouement au bonheur de la monarchie, l'attachement et la reconnaissance de celle-ci envers son souverain adoré, trouveront plus d'une occasion pour se montrer resplendissants à l'intérieur, redoutables en face de l'étranger !

Pour ce qui est du bonheur d'une joie sans mélange, il ne faut pas en parler de longtemps sur les bords austro-hongrois du Danube. Comme à l'approche de l'hiver l'oiseau voyageur, que le Kronprinz aimait tant à épier, il est parti en toute hâte après sa mort, emportant avec lui l'espoir de toute une génération.

Reviendront-ils bientôt?

Ceux qui croient à la mission de l'Autriche-Hongrie en Orient, les attendent avec une inébranlable confiance !

———

11

TRADUCTION FRANÇAISE :

———

Eperjes, Nagy-Kàroly, Toroczkô,

Refleurissez de vos ruines et de vos cendres, avec
une force juvénile, pour l'ornement de notre chère
patrie : — monuments à jamais impérissables, que
le patriotisme, prêt aux sacrifices, s'est élevés à lui-
même !

RODOLPHE.

*Autographe hongrois du Kronprinz et dessin
de l'archiduchesse Stéphanie, extraits de l'al-
bum : Segitség — Secours — édité à Budapest
en 1887, par la Société Franklin, avec le
concours des littérateurs et des artistes hongrois pour venir en aide aux villes incen-
diées d'Eperjes, de Nagy-Karoly et de To-
roczko.*

———

Stéphanie.

TABLE DES MATIÈRES

———

———

Les extraits des *Chasses et des Observations* sont publiées avec l'autorisation de M. Adolphe Künast, libraire de la cour, impériale-royale à Vienne, éditeur des œuvres de l'archiduc Rodolphe.

———

Orléans. — Imp. G. MORAND, rue Bannier, 47.

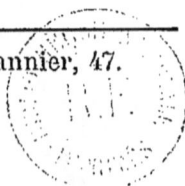

www.ingramcontent.com/pod-product-compliance
Lightning Source LLC
Chambersburg PA
CBHW072042080426
42733CB00010B/1968